Chère Lectrice,

Qu'y a-t-il de plus beau qu'un amour partagé?
La Série Amour vous raconte le destin de couples
exceptionnels, unis par le lien authentique du
mariage, amoureux, vivants, et parfois déchirés par
de soudaines tempêtes.
Duo connaît bien l'amour. La Série Amour vous
surprendra.

Amour: une série étonnante,
quatre nouveautés par mois.

Le bar d'un grand hôtel

Série Amour

CLAUDIA BISHOP

Toi mon prince, toi mon rêve

Les livres que votre cœur attend

Titre original : *That champagne feeling* (26)
© 1984, Claudia Bishop
Originally published by
THE BERKLEY PUBLISHING GROUP,
New York

Traduction française de : M.-A. Gallice
© 1985, Éditions J'ai Lu
27, rue Cassette, 75006 Paris

1

— Où allons-nous ? demanda Emma en prenant place sur la banquette arrière du taxi.

Mark referma la portière et dans le même mouvement se tourna vers elle pour l'enlacer tendrement.

— Au Copley Plaza.

— Tu as l'intention de m'y séquestrer pendant trois semaines ? questionna-t-elle d'un ton candide en se pressant contre son mari qui éclata de rire.

— Il ne s'agit que de la première étape de notre voyage de noces.

Il ponctua sa phrase d'un baiser sonore.

— Après je t'emmène au pays des Mille et Une Nuits.

— Mais pourquoi entourer notre destination de tant de mystère ?

Il dessina du bout des doigts les lignes harmonieuses du visage de la jeune femme.

— Je te l'ai déjà dit. Je veux que pendant cette lune de miel tu oublies l'hôpital, le service de psychiatrie infantile et toutes les préoccupations professionnelles d'Emma Grantham. Je ne parta gerai mon lit qu'avec Mme Forest.

— Je te promets de laisser le Dr Grantham à la maison.

Elle se blottit délicieusement contre lui. Le toussotement discret du chauffeur leur apprit qu'ils avaient franchi la courte distance qui séparait le palace du domicile de la jeune femme où le mariage avait été célébré. Ils se redressèrent soudain comme pris en faute. Emma eut bien du mal à garder son sérieux tandis que Mark se composait une attitude de circonstance pour régler la course.

Un portier en uniforme aida la jeune femme à descendre de la voiture. Mark la rejoignit et lui enlaça la taille pour la guider jusqu'à la réception.

— Suite 402, docteur Forest, madame Forest, dit l'employé en confiant leur clef au chasseur qui les escortait.

Ils avaient décidé d'un commun accord qu'elle garderait son nom de jeune fille pour des raisons de commodité professionnelle mais elle ne protesta pas : la méprise du réceptionniste soulignait les liens merveilleux qui l'unissaient à l'homme dont elle avait choisi de partager la vie.

La suite qu'ils avaient réservée s'avéra à la hauteur des promesses de l'établissement. Calme, confortable, d'une élégance un peu désuète, elle offrait un contraste saisissant avec le luxe uniformisé d'un Hilton ou d'un Sheraton et rappelait le Boston fastueux d'autrefois.

Emma se dirigea vers la fenêtre. La ville qui s'étendait devant elle s'apprêtait à célébrer la Saint-Sylvestre avec une débauche de lumières multicolores qui scintillaient dans la nuit comme une parure de fête.

Malgré ses années d'université à New York, la jeune femme se sentait bostonienne jusqu'au bout des ongles. Elle y avait passé une enfance merveilleuse. C'est pourquoi, lorsqu'on lui offrit un poste d'interne à l'hôpital Sainte-Anne, ne laissa-t-elle pas passer l'occasion de retourner dans sa chère ville natale.

Ses parents étant tous deux médecins, elle n'eut aucun mal à s'adapter au milieu médical de la Nouvelle-Angleterre.

Quand elle obtint son diplôme après trois années de spécialisation, son seul regret fut que ni son père ni sa mère n'étaient là pour se réjouir de son succès. Un tragique accident les avait prématurément arrachés à son affection.

Emma réussit à surmonter sa peine à force de travail. Elle se hasarda même à intriguer parmi les autres sphères de l'administration hospitalière afin de faire accepter un projet innovateur en matière de psychiatrie infantile. L'accent y était mis sur le dépistage et la prévention — méthode très efficace mais qui s'avérait fort coûteuse. Comme elle tenait absolument à ce que cette thérapie soit ouverte aux enfants d'origine modeste, le service ne pouvait fonctionner que grâce à une aide de l'Etat.

La jeune femme eut bien du mal à convaincre les gestionnaires et les bureaucrates de l'utilité de son projet. Pour justifier les dépenses qu'elle leur demandait, elle n'hésita pas à leur promettre des résultats qui à l'époque paraissaient loin d'être acquis. Mais le service qu'elle mit sur pied s'avéra à la hauteur de ses prédictions et les subventions furent renouvelées d'année en année sans discussion.

Cependant Emma ne pavoisait pas pour autant. Elle savait qu'au moindre faux pas les instances dirigeantes n'hésiteraient pas à lui couper les vivres. Il lui fallait sans cesse jongler avec les règlements de l'hôpital dans l'intérêt de ses patients.

Bien sûr Mark l'aidait beaucoup. Il comprenait ses principes et approuvait totalement ses méthodes. Mais il n'était pas directement concerné par le fonctionnement du service dans lequel il exerçait en tant que médecin consultant. Emma ne connaissait pas de meilleur psychiatre pour enfants et ses conseils lui étaient indispensables, à la fois pour le succès de son programme et pour son propre équilibre. Cependant il n'avait aucun pouvoir de décision et elle devait affronter seule les tracasseries administratives. En fin de compte toutes les responsabilités reposaient sur ses frêles épaules. Elle frémit en songeant aux conséquences que son absence prolongée risquait d'avoir sur le déroulement de son programme.

Après avoir donné un généreux pourboire au chasseur, Mark referma la porte et se tourna vers la silhouette immobile qui se détachait sur le rectangle sombre du ciel nocturne. Il admira une fois de plus l'élégance de la jeune femme : une robe en velours mordoré l'habillait du cou jusqu'aux chevilles mais le tissu souple soulignait plus qu'il ne dissimulait ses formes harmonieuses.

La coquetterie était le seul défaut que Mark connût à Emma, défaut qu'il se gardait bien de lui reprocher puisqu'il en était le premier bénéficiaire. Il laissa son esprit vagabonder plusieurs mois en arrière, jusqu'au jour où il l'avait rencontrée pour la première fois.

Il venait d'être engagé dans le service de psychiatrie infantile de Sainte-Anne. Quand il pénétra dans la salle de jeu il la trouva assise par terre, serrant dans ses bras une petite fille en larmes, totalement indifférente aux traces que laissaient sur son chemisier de soie grège et son pantalon de lin blanc les doigts maculés de l'enfant. Elle leva vers lui son visage à l'ovale parfait, surmonté d'une couronne de tresses blondes, et il fut immédiatement subjugué par l'éclat de ses prunelles myosotis.

Faire sa conquête ne fut pas chose facile. La jeune femme se remettait à peine d'un divorce qui, bien que mutuellement consenti, l'avait profondément bouleversée puisqu'il privait de père son enfant de dix-huit mois. Cependant Emma n'était pas du genre à s'apitoyer sur son sort. Plus que sa beauté ce furent son dynamisme et son optimisme à toute épreuve qui avaient définitivement conquis Mark. Bien sûr, la rencontre de deux personnalités aussi fortes ne manquait pas de produire des étincelles mais il avait toujours préféré le piment à la fadeur.

D'ailleurs il devina au pli soucieux qui barrait le front de la jeune femme qu'elle était justement en train de faire une entorse à leurs conventions et il décida d'user de ses prérogatives d'époux pour la rappeler à l'ordre.

— Madame Forest ! Je croyais que nous avions laissé le Dr Grantham à la maison.

Elle sursauta et se tourna vers lui avec un

sourire d'excuse. Mais comment diable parvenait-il à lire dans ses pensées ?

— Je suis désolée. Ce n'était qu'une rechute passagère.

— On ne prend jamais assez de précautions : je vais immédiatement te prescrire un traitement.

Il la saisit délicatement par le poignet et défit un à un les minuscules boutons d'une manche avant de s'attaquer à l'autre. Le résultat ne se fit pas attendre. Emma se sentit soudain gagnée par une douce indolence qui chassa de son esprit l'hôpital Sainte-Anne et ses soucis professionnels.

— Je t'aime si fort, ma chérie, murmura-t-il d'une voix rauque tandis qu'il plongeait son regard sombre dans les prunelles de la jeune femme.

Il lui lâcha le poignet et, comme mus par un ressort, les bras d'Emma vinrent se poser de part et d'autre de son cou pour se refermer derrière sa nuque.

— Tu es à moi, chuchota-t-il, et son souffle chaud lui caressa le visage.

Aussitôt une onde de chaleur prit naissance au creux de ses reins et se propagea dans tout son être. Ses jambes se dérobèrent sous elle, l'obligeant à resserrer son étreinte pour ne pas tomber.

Alors, sans cesser de la fixer, il posa délicatement ses lèvres contre les siennes, comme s'il ne pouvait se décider à donner libre cours à ses pulsions, comme s'il était effrayé par la violence de son propre désir. Mais soudain il baissa les paupières avec une expression presque douloureuse et prit voracement possession de sa bouche. Elle se plaqua contre lui, écrasa ses douces rondeurs contre ce corps brûlant. Le baiser aurait pu durer éternellement tant la soif qui les soudait l'un à l'autre paraissait inextinguible. Aussi, quelle ne fut pas sa déception quand il la prit par les épaules et la repoussa gentiment. Elle tenta de se glisser entre ses bras pour retrouver à son contact l'ivresse délicieuse dont il l'avait brutalement privée. Mais il la maintint à distance.

— Non, je t'en prie, laisse-moi te regarder.

Elle lut dans son regard une tendresse proche de la vénération et ne discuta plus.

Jamais soumission ne lui avait paru plus cruelle tant elle mourait d'envie de se presser contre lui, de le prendre à témoin de l'ardeur de son désir. Mais elle accepta cette épreuve comme gage d'amour.

Alors, lentement, il défit les tresses couleur de blé mûr qui lui ceignaient le front. Les cheveux se répandirent en une cascade dorée autour de son visage. Puis il dégrafa délicatement les attaches de sa robe. Le vêtement soyeux glissa sur ses épaules, le long de ses bras, de son ventre, de ses hanches, pour terminer sa course à ses pieds dans un froissement d'étoffe.

Progressivement le supplice qu'imposait à Emma sa passivité forcée fit place à une nouvelle ivresse : ivresse de se sentir admirée, de se sentir adorée, de se sentir aimée.

Les fins triangles de dentelle qui protégeaient encore sa pudeur rejoignirent sa robe et elle se dressa devant lui dans son éclatante nudité.

— Oh ! Ma chérie, tu es si belle !

Il s'agenouilla devant elle et parcourut son corps immobile de baisers brûlants. Un feu liquide coulait dans ses veines, embrasait ses sens et la plongeait dans un univers de joie de plus en plus insoutenable.

— Mark, je t'en supplie !

Avait-elle chuchoté ou crié ? Elle n'aurait su le dire. Mais Mark fut sensible à son appel. Il se leva et la guida jusqu'au lit. Elle s'étendit et le regarda se déshabiller avec une impatience mal contenue. Quand il la rejoignit, le contact de sa peau nue, de sa toison bouclée qui effleurait la pointe de ses seins durcis par le plaisir, attisa l'incendie qui la consumait déjà. Incapable de contrôler plus longtemps ses pulsions elle l'enlaça avec fougue comme si elle voulait se fondre en lui, comme si chaque pouce de sa chair avait soif de lui. Soudés l'un à l'autre par la violence de l'étreinte ils roulèrent sur le drap soyeux, se livrèrent à un voluptueux ballet dont ils étaient à la fois chorégraphes et danseurs.

Emma sentit soudain, violente, insupportable, une onde de joie indicible. Mark l'attirait dans l'infinie spirale d'un monde vertigineux où rien ne comptait plus que la fusion magique de leurs corps et leurs âmes...

Quand ils s'endormirent enfin, brisés d'amour, l'aube d'une année nouvelle se levait sur Boston.

La jeune femme se réveilla et constata à sa grande surprise que la chambre baignait dans une pénombre à peine atténuée par la douce lumière d'une lampe de chevet. Il ne faisait pas nuit mais une chape de brume bouchait l'horizon et semblait promettre d'imminentes chutes de neige. Absorbé dans la contemplation de ce ciel d'hiver, Mark lui tournait le dos. Il était nu et se frictionnait distraitement la nuque avec une serviette de bain. Des gouttes perlaient sur ses larges épaules et, sous l'effet de l'eau, ses cheveux, habituellement ondulés, formaient une toison de boucles brunes et luisantes.

Le spectacle de ce corps magnifique procura à la jeune femme une bouffée de délicieuses réminiscences.

— Bonjour, monsieur Forest.

Mark se retourna et lui adressa un large sourire.

— Bonjour, madame Forest. Ou plutôt bonsoir.

— Tu ne vas tout de même pas me dire...

Elle se redressa sur un coude pour se saisir de sa montre.

— Eh ! Oui. Quatre heures déjà, confirma-t-il avec un petit rire.

— Mais alors nous avons dormi toute la journée !

— Quoi d'étonnant ? Nous n'avons pas fermé l'œil de la nuit. Comment vas-tu ?

— Merveilleusement bien.

Elle s'étira voluptueusement sous les draps.

— Un peu fourbue.

Mark s'assit à côté d'elle et déposa un baiser au coin de ses lèvres.

— On le serait à moins, murmura-t-il contre sa bouche.

Elle glissa aussitôt les bras autour de son cou mais on frappa à la porte et ils durent remettre à plus tard des effusions qui risquaient fort de s'éterniser.

— Ce doit être le petit déjeuner.

Il se redressa et se dirigea vers la porte.

— Mark ! s'écria-t-elle, tu ne vas tout de même pas ouvrir dans cette tenue ?

— Bon sang, voilà que je perds la tête.

Il noua la serviette autour de ses reins et Emma dut s'enfouir sous les couvertures afin de dissimuler son hilarité. Elle attendit que le serveur fût parti pour émerger de sa cachette.

Mark se dressait devant elle, les poings sur les hanches, dans une attitude faussement sévère.

— J'avais l'air suffisamment ridicule avec mon pagne de fortune sans que tu en rajoutes en agitant le lit de tes ricanements convulsifs. Si tu avais vu la tête du garçon ! Je suis sûr qu'il ne s'est jamais autant intéressé à ses chaussures.

Il termina sa phrase sur une note étranglée qui donna le signal d'un nouveau déchaînement de rire.

Quand Emma parvint enfin à retrouver son sérieux, elle s'essuya les yeux à l'aide du drap.

— Il a dû nous prendre pour des fous.

— S'il connaissait notre profession !

A cette idée ils tombèrent dans les bras l'un de l'autre en riant de plus belle.

— Si nous mangions ? proposa Mark une fois remis de son accès de gaieté.

Il se leva et guida la jeune femme vers la table.

— Au menu, caviar et champagne.

— Drôle de petit déjeuner !

— Mais il est déjà quatre heures ! Et puis à journée exceptionnelle régime exceptionnel, dit-il en faisant sauter le bouchon du champagne.

La mousse neigeuse jaillit hors du goulot et il s'empara précipitamment d'une coupe pour recueillir le précieux liquide.

14

— Ta conception de la diététique me surprend mais je suis sûre que je m'y habituerai très vite.

Une demi-heure plus tard il ne restait plus rien sur la table.

— Je ne pensais pas avoir aussi faim, déclara Emma en s'étirant lascivement.

— Si tu ne te dépêches pas de t'habiller, j'ai bien peur que nous rations notre avion.

— Notre avion ? s'exclama-t-elle. Vas-tu enfin me dire où tu m'emmènes ?

— Tu verras bien.

— Non, Mark Forest, j'exige des aveux immédiats.

Elle se leva et se dirigea vers lui avec un air menaçant.

— Si tu ne le dis pas sur-le-champ, je vais faire en sorte que nous rations ce vol et pas mal d'autres.

Elle s'assit sur ses genoux, passa les bras autour de son cou et enfouit son visage dans ses cheveux. Puis, du bout des lèvres, elle effleura son oreille, sa joue, son menton, et déposa sur sa bouche un baiser humide.

— Alors, vas-tu te décider à parler ou dois-je employer la manière forte ?

— Espèce de tortionnaire...

— Parle !

Le baiser se fit plus impérieux. Ses doigts légers parcoururent son buste, plongèrent dans la toison bouclée qui lui couvrait le torse, remontèrent jusqu'à sa nuque qu'elle pétrit tendrement.

— Paris, lâcha-t-il dans un souffle.

— Merci.

Avec un éclat de rire victorieux elle se dégagea et tenta de s'éloigner.

— Pas si vite.

Il l'attrapa par le poignet.

— N'as-tu jamais appris qu'on ne doit pas laisser un travail inachevé ?

— Mais je croyais que nous étions en retard.

Il se leva et lui fit face sans desserrer son étreinte.

— Nous allons l'être encore plus et ce sera ta faute, petite Emma chérie.

— J'en accepte l'entière responsabilité.

Un sourire radieux illumina le visage de Mark tandis que le regard de la jeune femme brillait d'un éclat intense.

Ils connurent de nouveau l'ineffable bonheur de l'amour partagé. Cette fois Emma ne se contenta pas de rester passive : les caresses qu'elle lui prodiguait éveillaient en elle des sensations aussi délicieuses que celles qu'elle recevait. Ce don mutuel reflétait l'union parfaite à laquelle ils aspiraient de tout leur cœur et qu'ils réalisèrent enfin dans un spasme de joie.

Ils restèrent longtemps mollement enlacés, tout alanguis de bonheur, à murmurer d'incompréhensibles paroles d'amour.

Mark fut le premier à émerger de sa douce léthargie.

— Il faut que nous nous dépêchions, ma chérie.

Emma parvint à grand-peine à se tirer de sa torpeur.

— Je vais prendre une douche.

— Prenons-la ensemble.

Cette décision les aida à recouvrer leurs esprits. Main dans la main ils se rendirent dans la salle de bains et se glissèrent en riant sous le jet

16

bienfaisant. Puis ils se frictionnèrent mutuellement et retournèrent dans la chambre pour se préparer au départ.

— Au fait, je n'ai pas mon passeport, s'exclama la jeune femme d'un ton désespéré. Tu aurais quand même pu me prévenir que nous allions à l'étranger.

Mark se contenta de l'observer avec une moue moqueuse comme s'il prenait un malin plaisir à prolonger son désarroi.

— Ton petit mari a pensé à tout.

Il fouilla la poche intérieure de sa veste et en sortit la pièce d'identité qu'il brandit triomphalement.

— Comment l'as-tu trouvé ?

A peine avait-elle posé la question qu'elle en devina la réponse.

— Je suppose que c'est Meg qui te l'a procuré.

Mark acquiesça d'un sourire.

Après son divorce Emma avait engagé Meg Cuningham pour s'occuper de son fils Sam. Comme la grande maison qu'elle occupait dans la banlieue de Boston lui paraissait bien vide depuis le départ de son mari, elle avait converti le rez-de-chaussée en appartement indépendant et offert à la jeune femme de s'y installer avec son époux, Ted, et sa fille d'un an, Anna. Depuis, Meg avait cumulé les fonctions : en plus de la garde d'enfant, elle faisait maintenant office de maîtresse de maison en chef. Elle était également devenue la meilleure amie d'Emma.

— Il faut que je l'appelle pour lui donner notre adresse à Paris.

— C'est inutile, je m'en suis chargé. Et puis Joe a promis d'attendre notre retour pour reprendre ses chères fouilles de façon que Sam ait un parent sous la main en cas d'urgence.

Emma sourit. Joe Richards, son ex-mari, était un père attentionné bien que souvent absent. Elle était restée en très bons termes avec lui malgré les différends qui avaient provoqué leur divorce. Comment un psychiatre entièrement dévoué à ses malades et un archéologue passionné de civilisations précolombiennes, qui passait le plus clair de son temps au Pérou, auraient-ils pu faire bon ménage ?

— Mais j'ai promis à Sam de lui téléphoner tous les jours.

Elle se dirigea vers l'appareil.

— Je n'avais pas prévu que tu m'entraînerais de l'autre côté de l'Atlantique. Ça va te coûter une petite fortune en communications, ajouta-t-elle avec un sourire malicieux tandis que la tonalité caractéristique résonnait à son oreille.

— Allô ?

La voix mélodieuse de Meg dissipa aussitôt la tension permanente que procurait à Emma son angoisse maternelle.

— Bonjour, c'est moi, Emma.

— Alors, on prend du bon temps ? demanda la jeune femme d'un ton moqueur. Sam est à côté de moi. Il ne tient plus en place. Je te le passe avant qu'il ne mette la maison à sac.

— Maman, ze suis très saze.

— C'est bien, tu es un gentil garçon.

— Dis, c'est quand que tu rentres ?

— Mais je viens à peine de partir. Nous prenons l'avion pour la France tout à l'heure.

— Ze sais, mais Mark a dit que c'était un secret.

18

La jeune femme pouffa. Elle reconnaissait bien là les méthodes de Mark. Il n'avait pas son pareil pour s'assurer la complicité des enfants.

— Qu'as-tu fait aujourd'hui, mon chéri ?

Sam énonça de sa voix haut perchée les activités de sa journée puis interrompit soudain son énumération pour demander :

— Il est là Mark ? Ze peux lui dire bonzour ?

— Je te le passe. Au revoir, mon poussin. Je te rappelle demain. Je t'embrasse.

Un baiser bruyant retentit à son oreille et elle tendit en souriant le combiné à Mark qui posa la main sur l'écouteur pour chuchoter :

— Vite, dépêche-toi de t'habiller, nous allons rater l'avion.

Puis il prêta l'oreille au babillage du petit garçon.

Après avoir raccroché il se tourna vers la jeune femme.

— Quand lui donnerons-nous des petits frères et sœurs ?

La main qui tenait le tube de mascara s'immobilisa soudain.

— J'avoue que je n'y ai pas réfléchi. Cela t'ennuierait beaucoup si je te disais que le temps de la maternité est révolu pour moi ?

Le moment était peut-être mal choisi pour aborder un sujet aussi délicat mais ce genre de conversation, bizarrement, survenait toujours à l'improviste.

— Franchement oui. Mais je suppose que je m'y ferai.

Comme il lui tournait le dos, elle essaya de deviner l'expression de son visage. Sa voix ne trahissait pas la moindre émotion. Cependant

19

elle devinait que son regard démentait ce calme apparent.

— Le temps de la maternité est-il révolu pour toi ?

En posant cette question il lui avait brusquement fait face et elle constata à l'éclat de ses prunelles qu'elle ne s'était pas trompée.

— Je ne sais pas. Je te répète que je n'y ai pas réfléchi. Il faut laisser le temps à Sam de s'habituer à ta présence avant de lui imposer un nouveau rival.

— Oui, bien sûr, répondit-il d'un ton détaché. Ma curiosité était purement théorique. La décision finale n'incombe qu'à toi.

Il lui tendit les bras en souriant tendrement. Elle vint s'y blottir et se hissa sur la pointe des pieds pour le rassurer d'un baiser.

— As-tu rangé le dentifrice ? lui demanda-t-il sur le ton de la confidence.

— Oui, chuchota-t-elle en retour.

— Alors plus rien ne nous retient. Paris, nous voilà !

2

— L<small>E</small> seul ennui avec les croissants c'est qu'ils laissent des miettes dans les draps, déclara Emma deux semaines plus tard tandis qu'ils prenaient leur petit déjeuner au lit.

Mark se saisit en riant de la théière et en versa le contenu dans des tasses en porcelaine de Chine finement décorées.

— Je n'osais pas te le faire remarquer.

— Je reconnais bien là ton tact.

Elle lui sourit, de nouveau envahie par cette délicieuse sensation d'intimité amoureuse qui avait marqué leur séjour à Paris.

Depuis plus d'un an qu'ils se connaissaient, ils n'avaient encore jamais eu l'occasion de passer beaucoup de temps en tête à tête. La délicatesse de Mark, sa pondération, sa tranquille assurance l'avaient séduite d'emblée. Bien sûr elle n'était pas non plus insensible à son charme viril, mais ces qualités avaient largement contribué à lui faire accepter l'irrésistible attirance qu'elle avait immédiatement éprouvée pour lui.

Quand Mark arriva à l'hôpital Saint-Anne,

au terme d'un séjour de quatre ans dans une des institutions les plus réputées d'Angleterre, il apporta avec lui une foison d'idées nouvelles qui procurèrent une bouffée d'air frais au vénérable établissement et la jeune femme devina tout de suite en lui un allié.

Après qu'ils eurent fait plus ample connaissance, il lui relata le tragique accident dans lequel sa fiancée avait trouvé la mort cinq ans plus tôt et qui avait provoqué son exil volontaire. Emma ne fut pas longue à comprendre que les sentiments qu'elle éprouvait pour son séduisant collègue dépassaient largement le cadre des relations professionnelles. Cependant elle mit un certain temps à se l'avouer : sa vie déjà bien perturbée par un divorce récent n'avait nul besoin de complications supplémentaires. Mais à force de gentillesse et d'insistance Mark réussit à venir à bout de ses réticences.

— Puisqu'en raison de nos divergences artistiques nos chemins doivent se séparer l'espace d'une matinée, je propose que nous nous retrouvions pour déjeuner.

— Est-il vraiment nécessaire que nous passions notre temps à arpenter les musées ? demanda-t-elle d'un ton plaintif.

— Nous n'avons presque pas quitté cette chambre depuis que nous sommes arrivés, répliqua-t-il d'une voix indignée.

Comme elle baissait les yeux et prenait un air coupable, il lui releva le menton en souriant.

— Non que je m'en plaigne : jamais prison ne fut plus douce.

— Ni geôlière plus éprise !

Elle tendit vers lui son visage, paupières mi-closes, lèvres entrouvertes.

— Arrière, tentatrice. J'ai la ferme intention de passer la matinée au Louvre en compagnie de David et de Delacroix, et rien ni personne ne m'en empêchera. Quant à toi, petite Emma chérie, Van Gogh et Renoir t'attendent au musée du Jeu de paume. Rendez-vous à une heure au café de la Bourse. D'accord ?

— Pas de négociation possible ?

— Non, je ne me laisserai pas corrompre.

Avec un soupir résigné elle se leva et se rendit dans la salle de bains pour prendre une douche.

Un surprenant soleil de janvier nimbait de sa pâle lumière l'hiver parisien. En sortant du musée du Jeu de paume Emma s'arrêta sur les marches du jardin des Tuileries et inspira une bouffée d'air piquant chargé de cette odeur caractéristique de marrons chauds, de café et de parfum coûteux qu'une élégante laissait dans son sillage.

Pare-chocs contre pare-chocs, les automobiles se livraient à une ronde frénétique autour de l'obélisque de la Concorde dans un concert d'avertisseurs entrecoupé de crissements de pneus et de jurons bien sentis. Les piétons franchissaient au péril de leur vie cette marée furieuse. Au loin l'Arc de triomphe ponctuait majestueusement la célèbre perspective des Champs-Elysées.

Emma jeta un coup d'œil à sa montre et grimaça. Elle allait être en retard. Malgré ses allures décontractées Mark était d'une ponctualité maladive et malheur à qui s'avisait de le faire attendre. Pour éviter ses reproches il lui fallait à tout prix trouver un taxi aguerri aux coutumes de la circulation parisienne. Elle rebroussa chemin et traversa le jardin en direction de la rue de Rivoli qui lui offrirait certainement de plus grandes chances de succès.

Elle avisa un véhicule surmonté de l'emblème lumineux et s'y engouffra.

— Rue Feydeau, s'il vous plaît, aussi vite que possible.

Le chauffeur lui adressa un sourire entendu et démarra en trombe. Grâce au ciel elle était tombée sur un expert en matière de gymkhana urbain. Elle dut se cramponner à son siège pour éviter d'être ballottée par les cahots du véhicule qui tanguait d'une file à l'autre, frôlait au passage les carosseries menaçantes des autres voitures, pilait à regret à chaque feu rouge inopportun.

Le taxi la déposa à l'angle de la rue Feydeau et de la place de la Bourse. En réglant la course, elle jeta un nouveau coup d'œil à sa montre. Elle n'avait que cinq minutes de retard. La clientèle qui se pressait dans le petit restaurant se composait de courtiers et d'hommes d'affaires sacrifiant à la délicieuse tradition du déjeuner parisien.

Emma aperçut Mark installé à une table au fond de la salle. Il sirotait un kir, et un autre verre à pied rempli du même apéritif grenat attendait devant la chaise vide qui lui faisait face.

Elle s'immobilisa une fraction de seconde, comme fascinée par le spectacle que lui offraient son profil superbe et sa carrure d'athlète mise en valeur par une veste en tweed admirablement coupée. Au même moment il dirigea son regard vers elle. Ses yeux bruns lui sourirent mais il haussa néanmoins un sourcil réprobateur. Elle se faufila entre les tables et se pencha pour déposer un baiser sur ses lèvres.

— Désolée, mon chéri, la circulation... se borna-t-elle à dire en guise d'explication.

Il se leva et lui présenta galamment la chaise réservée.

— Les responsables de ton retard n'ont-ils pas plutôt pour nom Manet et Monet ?

— J'avoue qu'ils n'y sont pas tout à fait étrangers. Le musée du Jeu de paume regorge de toiles merveilleuses. Renoir, Gauguin, Pissarro y côtoient Matisse et Cézanne. Il y a même un diaporama qui relate les origines de la peinture moderne. C'est absolument passionnant. Et toi, es-tu tombé sous le charme du fameux sourire de Mona Lisa ?

— En tout cas il n'est pas parvenu à me faire oublier le tien.

Emma leva son kir en riant pour le remercier de ce spirituel hommage. Le sommelier toussota afin d'attirer l'attention de Mark.

— Saint-estèphe 1976, annonça-t-il en présentant la bouteille.

Sur un signe de tête approbateur, il ôta le bouchon pour lui verser quelques gouttes du vin millésimé. Mark huma son bouquet avant de s'en humecter le palais. Il manifesta son accord d'une moue expressive et se renversa sur son siège. Le serveur déposa la bouteille avec sa corbeille en osier au centre de la table et s'éclipsa discrètement.

— Fameux ce bordeaux.

— Mais on ne sait même pas ce qu'il va accompagner !

— Ma petite Emma chérie, nous allons nous

régaler de coquilles Saint-Jacques à la provençale et d'un succulent bœuf en daube. Puisque tu n'étais pas là pour passer ta commande, j'ai pris la liberté de le faire à ta place.

— Mais tu aurais pu tomber sur quelque chose que je déteste !

— Tes goûts n'ont plus de secret pour moi.

Elle éclata de rire et saisit sa main par-dessus la table pour la presser affectueusement.

Ils se délectèrent d'un délicieux repas agrémenté d'anecdotes sur leurs visites respectives et entrecoupé de silences plus éloquents que des mots d'amour.

— Alors, quel est le programme de l'après-midi ? demanda la jeune femme quand ils en furent au café.

— Que dirais-tu d'une sieste ?

— Ce serait dommage de gâcher une si belle journée.

— Il y a sieste et sieste, tu sais.

— C'est vrai, j'oubliais.

— Tu as la mémoire bien courte, ma chérie, chuchota-t-il en lui adressant une œillade complice.

Il fit signe au garçon de lui apporter l'addition. Après l'avoir réglée ils partirent à la recherche d'un taxi et se firent conduire à leur hôtel qui se trouvait dans une petite rue à deux pas de la place de l'Etoile.

— Je vais prendre une douche, annonça-t-il tandis qu'ils pénétraient dans leur suite. Prends garde de ne pas t'endormir entre-temps.

— N'aie crainte, je n'en ai pas la moindre envie.

Comme pour appuyer ses dires elle passa les

bras autour de son cou et se serra frileusement contre lui.

— D'ailleurs je ne sais pas si je vais te laisser m'abandonner, ne serait-ce que le temps d'une douche.

Il se dégagea en riant et disparut dans la salle de bains.

Emma se débarrassa de ses vêtements et parcourut la chambre d'un regard distrait. Tout à coup son attention s'arrêta sur le téléphone, de l'autre côté de l'immense lit qui occupait la majeure partie de la chambre. Voilà deux longues semaines qu'elle était sans nouvelles de Sainte-Anne et elle avait failli céder plus d'une fois à la tentation d'appeler l'hôpital pour s'assurer que tout allait bien. Mais chaque fois la promesse faite à Mark l'en avait empêchée : les soucis du Dr Grantham ne devaient pas venir gâcher leur lune de miel. Cependant le meilleur moyen de chasser ces préoccupations dont elle ne parvenait pas à détacher son esprit n'était-il pas justement de passer à l'action ? Après tout, quel mal y avait-il à donner un simple coup de fil ?

Elle se saisit du combiné et composa le numéro.

Avec un petit pincement au cœur elle entendit qu'on décrochait à l'autre bout de la ligne.

— Sainte-Anne, annonça la voix nasillarde d'une standardiste.

— Pourrais-je avoir le poste 309 s'il vous plaît ?

Emma se félicitait que le décalage horaire lui évitât de tomber sur l'infirmière de jour qui avait une fâcheuse tendance à se répandre en détails inutiles.

Soudain, une main ferme lui arracha l'écouteur des mains et le reposa rageusement sur sa fourche. Mark se dressait devant elle et l'observait d'un oeil sévère.

— Je croyais que nous avions décidé d'un commun accord d'oublier l'hôpital Sainte-Anne pendant la durée de notre séjour.

— Je... je pensais que tu étais sous la douche, marmonna-t-elle comme si cela constituait une excuse.

Les yeux de Mark ne brillaient pas seulement de colère et la jeune femme dut faire un effort avant de comprendre que cet éclat exprimait une profonde douleur. Il était blessé de constater qu'elle était incapable de respecter la trêve promise, incapable de lui consacrer trois semaines. Elle éprouva soudain un violent remords et prit conscience que la gravité de la faute exigeait une réparation appropriée.

— Embrasse-moi, s'écria-t-elle en se précipitant dans ses bras.

— Quoi ?

— Oui, je t'en prie, maintenant !

Il y eut un moment de silence. Puis Mark partit d'un rire sans joie.

— Et qui dois-je étreindre, le Dr Grantham ou Mme Forest ?

— A toi de choisir.

— Je suppose que je vais être obligé d'étreindre les deux à la fois.

Une lueur amusée dansa dans son regard.

— Cela me paraît un peu scabreux, murmura-t-elle.

— A qui la faute ?

Elle n'eut pas le temps de répondre. Des lèvres

impérieuses étaient venues museler sa bouche en un baiser brûlant qui propagea dans tout son être une onde de délicieuse chaleur. Ils tombèrent à la renverse sur le lit, étroitement enlacés, comme s'ils se livraient un combat farouche. La jeune femme tenta de se dégager du poids de ce corps vibrant qui l'emprisonnait, qui lui coupait le souffle. Mais elle comprit bien vite qu'elle n'était pas de taille à lutter contre lui et elle se résolut à adopter la ruse.

— Tu te rends ? murmura-t-il contre sa bouche.

Elle inclina légèrement la tête en signe de soumission et elle sentit qu'il relâchait la tension de ses muscles. Alors, profitant de ce court moment d'inattention, elle donna un brusque coup de reins et ils roulèrent sur le côté.

— Jamais, s'écria-t-elle en riant.

— Tu vas me payer ça.

De nouveau il lui saisit les poignets et la renversa en arrière pour couvrir de baisers son visage, son cou, ses seins. Alors progressivement la résistance de la jeune femme faiblit. Quand il lui libéra les mains, elle les enfouit dans ses cheveux pour l'encourager à prolonger le langoureux supplice. Dès lors ils n'étaient plus deux individus distincts mais un seul et même être. Des doigts enfiévrés parcouraient le corps de la jeune femme, en faisaient vibrer chaque parcelle, décuplaient la violence d'un désir qui ne trouverait d'exutoire que dans le plaisir de l'autre. Quand ils parvinrent aux confins de la lucidité Mark prit possession d'elle et l'entraîna inexorablement vers les sommets extatiques de l'amour qu'ils franchirent ensemble dans un long cri de joie.

Ils restèrent longtemps étendus sans mouvement, comme terrassés de bonheur.

Puis Emma passa paresseusement une main dans le dos de Mark.

— Tu ne m'en veux plus pour tout à l'heure ?

— Ce n'est quand même pas pour te faire pardonner que tu t'es donnée à moi ? s'exclamat-il d'un ton faussement indigné.

La jeune femme rit et le rassura d'un baiser.

— Je voulais seulement te montrer à quel point je t'aime. Je ne sais pas pourquoi je ne peux détacher mon esprit de mes obligations professionnelles. Je suppose que le travail me fait l'effet d'une drogue.

— Eh bien, nous veillerons à te désintoxiquer. Il va falloir que tu t'habitues à partager ta vie entre ton métier et ta famille.

— J'en suis consciente, dit-elle en nichant sa tête au creux de son épaule. Je croyais que chaque chose prendrait naturellement sa place dans mon cœur. Tout ne semble pas se dérouler comme je l'espérais mais je te promets d'y mettre bon ordre.

— Je t'y aiderai. Je veux une grande place pour moi tout seul.

3

Malgré le regret qu'elle éprouvait à voir s'achever un voyage de noces aussi merveilleux, Emma ne put empêcher son cœur de battre plus vite quand, au détour d'un virage, se détachèrent dans la nuit les lumières de sa maison — de leur maison. Elle n'attendit pas que le chauffeur ait arrêté le moteur pour bondir hors du taxi.

— Prends l'ours en peluche dans le coffre, lança-t-elle à Mark en gravissant quatre à quatre les marches du perron.

Mark sourit de cette impatience bien légitime. Il connaissait le petit Sam Richards depuis bientôt un an et comprenait fort bien qu'Emma meure d'envie de serrer ce bout d'homme dans ses bras.

Il régla la course et s'occupa de décharger les bagages. Il fallut plusieurs voyages pour acheminer toutes les valises jusqu'à la porte. Mais il prit tout son temps car il ne voulait surtout pas interrompre leurs retrouvailles.

Quand il pénétra dans le hall il s'immobilisa, comme fasciné par le spectacle qui s'offrait à ses yeux. Emma avait soulevé l'enfant de terre et le pressait à l'étouffer contre son cœur. Sam enlaçait le cou de sa mère de ses petits bras potelés et blottissait sa tête blonde contre la chevelure à peine plus sombre de la jeune femme. Mark éprouva soudain l'irrésistible envie de se joindre à l'émouvant tableau. Il cacha l'encombrant jouet derrière la porte et se décida à manifester sa présence.

— Bonjour, Sam.

Le petit garçon leva aussitôt les yeux et poussa un cri de surprise.

— Mark !

Il eut droit à son tour aux effusions de l'enfant qui se libéra en gigotant de l'étreinte de sa mère pour se précipiter dans ses bras.

— Alors, de retour au bercail ? s'exclama Meg en débouchant de la cuisine. Je craignais que votre avion n'ait du retard. Nous ne serions jamais parvenus à mettre ce diable au lit.

— J'ai bien peur que notre arrivée ne vous facilite pas la tâche, répliqua Mark en déposant à terre le petit garçon surexcité. Surtout quand il verra ce qu'on lui a ramené de Paris.

Il sortit aussitôt et réapparut en brandissant l'énorme ours en peluche.

L'enfant ne semblait pas en croire ses yeux. Il s'approcha timidement de la masse de fourrure brune. Quand il comprit enfin que ce somptueux cadeau lui était destiné, il s'en empara avec un hurlement de joie et se précipita dans la salle de séjour en trébuchant sous son volumineux fardeau.

— En tout cas voilà de quoi l'occuper pendant un bon moment, fit remarquer Meg en souriant.

Mais vous devez mourir de faim tous les deux. Venez, je vous ai préparé un petit souper.

— J'ai l'impression que le marchand de sable ne va pas tarder à passer, déclara Mark une heure plus tard tandis que l'enfant repu somnolait sur les genoux de sa mère.

La jeune femme contempla avec un sourire ému ce visage de chérubin qui lui comprimait la poitrine.

— Tu as raison. Allez, Sam, au lit !

— Ze veux rester avec vous, marmonna-t-il en suçant son pouce.

Emma fronça pensivement les sourcils. Après tout, les circonstances étaient exceptionnelles.

— Bon, d'accord. Endors-toi sur mes genoux, nous te monterons plus tard.

L'enfant se blottit délicieusement contre elle et ne tarda pas à fermer ses paupières alourdies de sommeil. Elle adressa à Mark un regard coupable mais celui-ci la rassura d'un haussement d'épaules résigné. Il fallait bien de temps en temps s'accorder quelque faiblesse.

Voilà à peine une semaine que je suis rentrée et j'ai l'impression de n'être jamais partie, se dit la jeune femme en arpentant les couloirs de Sainte-Anne. Malgré sa merveilleuse idylle parisienne elle éprouvait un certain soulagement à reprendre les rênes, à se consacrer de nouveau à son travail et à son cher petit Sam. Ce dernier se montrait quelque peu capricieux mais elle mettait cette réaction sur le compte de leur séparation prolongée et du contrecoup des fêtes de fin d'année. Et puis le bonhomme était à un âge critique et elle avait une bien trop grande habitude des enfants pour s'en inquiéter outre mesure. Cependant, si cette phase s'éternisait, elle saurait y remédier avec gentillesse mais fermeté. Tout à coup elle aperçut le directeur de l'hôpital qui s'avançait au-devant d'elle.

— Bonjour, docteur Grantham, dit-il d'une voix mielleuse.

— Bonjour, docteur Jenner.

Leur antagonisme mutuel était une fois de plus enfoui sous la politesse d'usage.

Elle poursuivit pensivement son chemin. Ce Dr Jenner lui posait un véritable problème. Partisan de la vieille école, il n'approuvait pas du tout ses méthodes. En tant qu'administrateur en chef il jouissait d'une énorme influence et il pouvait très bien lui rendre la vie impossible s'il en décidait ainsi. Il s'en était abstenu jusque-là mais la jeune femme pressentait des difficultés imminentes. Son prédécesseur, le Dr Felix, l'avait toujours soutenue. Quand elle avait pris l'initiative de faire des entorses aux règlements dans l'intérêt de ses patients, il s'était contenté d'exiger d'elle un compte rendu détaillé de ces initiatives et de leur justification. Mais le Dr Felix éprouvait pour elle une amitié sincère, ce qui n'était pas le cas du Dr Jenner. Il ne devait sa nomination à la tête de l'établissement qu'à des manœuvres politiques et la jeune femme avait commis l'imprudence d'émettre publiquement des doutes sur ses compétences professionnelles. Certaines mauvaises langues s'étaient empressées de lui rapporter la chose. Emma regrettait son manque de diplomatie mais le mal était fait.

Elle chassa ses sombres pensées pour pousser la porte de la bruyante salle de jeu.

— Bonjour, Emma, s'écria un petit garçon de cinq ans avec qui elle avait eu maille à partir, la veille lors d'une séance de thérapie particulièrement mouvementée.

Mais il semblait avoir oublié ses griefs et il se jeta joyeusement dans ses jambes.

— Il paraît que tu as beaucoup apprécié ton voyage.

L'adolescente qui avait parlé ponctua sa remarque d'un petit rire de gorge. Puis, avec une indifférence affectée, elle abaissa son visage outrageusement maquillé vers ses ongles qu'elle enduisait méticuleusement de vernis carmin.

— Tu me poses chaque jour la même question, Bella. Et ma réponse est toujours la même.

— Et Mark ? En est-il aussi satisfait ?

Sa réflexion fut accompagnée du ricanement complice des autres enfants.

— Demande-le-lui toi-même, ma chérie. Mais ne viens pas te plaindre s'il t'envoie promener.

Sur cette repartie mordante elle se rendit dans la salle de garde en hochant pensivement la tête. Bella était une enfant difficile dont elle ne parvenait pas à gagner la confiance.

— Comment se fait-il que Bella ne soit pas en classe ? s'enquit-elle en pénétrant dans la petite pièce qui ressemblait à une cuisine avec ses placards blancs, son évier d'émail étincelant et sa gazinière.

— Elle a un peu de fièvre, répondit Delia, l'infirmière de jour.

Mais Emma n'entendit pas la réponse de la jeune femme. Son regard était rivé sur une note de service affichée par les bons soins du Dr Jenner.

« En raison de certaines restrictions budgétaires, une réorganisation des programmes hospitaliers est nécessaire. Le conseil d'administration statue actuellement sur ces aménagements. Tous les chefs de service seront avisés en temps utile des décisions auxquelles ils devront se conformer dans les plus brefs délais. »

Les difficultés se précisaient.

— Il faut absolument que je parle à Mark.

Elle se dirigea vers le téléphone et composa le numéro de son cabinet privé. Sa secrétaire lui répondit qu'il était en consultation.

— Dites-lui de me rappeler dès qu'il en aura terminé.

Le téléphone retentit alors que la jeune femme se trouvait en salle de réunion avec toute son équipe. Elle se fit passer la communication dans son bureau. Même lorsque leur conversation portait sur le travail, Emma ne pouvait se résoudre à lui parler en public tant le son de sa propre voix trahissait les sentiments qu'elle lui portait.

— Alors, on ne peut pas se passer de son petit mari l'espace d'une matinée ?

— Désolée de te décevoir, mais mon appel est d'ordre purement professionnel.

— Tu as un problème, ma chérie ?

— Je ne sais pas encore.

— Très bien, je t'écoute.

Elle lui lut la note de service et fut surprise par son absence totale de réaction.

— Tu étais au courant ?

— Non, mais je m'en doutais. Tu sais, l'époque est aux économies budgétaires.

— Mais pourquoi ne m'as-tu rien dit ?

Elle se sentit soudain trahie et en éprouva un nœud douloureux au creux de l'estomac.

— Je ne voulais pas t'inquiéter inutilement.

— Ta sollicitude me touche, répliqua-t-elle sèchement. On t'a sans doute appris qu'un homme averti en vaut deux. Eh bien, sache que l'adage vaut également pour les femmes.

— Je t'en prie, ma chérie, ne te mets pas martel en tête.

— Comment, Jenner s'apprête à me couper les vivres, j'apprends que tu es au courant et je devrais prendre la chose avec le sourire ?

— Que fais-tu à midi ?

Le brusque changement de sujet la prit au dépourvu. Mais bien vite son indignation reprit de plus belle.

— Je travaille. Il n'est pas question que je déjeune avec qui que ce soit.

— Si, avec moi.

— Mais je ne peux pas quitter mon bureau !

— Eh bien, si tu ne viens pas à Lagardère, Lagardère ira à toi.

— Bonjour tout le monde !

Un concert de voix aiguës accueillit bruyamment Mark. De son bureau Emma entendit Bella déclarer :

— J'aime beaucoup ta cravate. Elle est exactement de la même couleur que tes yeux. Est-ce de la soie ?

Il y eut un court silence puis Bella poursuivit :

— En tout cas on le dirait bien, au toucher.

— C'est de la soie et je suis très content qu'elle te plaise.

Emma imaginait bien la scène : la jolie adolescente devait se tenir à quelques centimètres de
Mark dans une attitude à la fois gauche et
provocante.

— Est-ce un cadeau d'Emma ?

— Si tu veux jouer les grandes personnes, il
faudra que tu apprennes qu'il y a certaines
questions qu'un adulte ne pose pas.

Emma sourit de l'habileté avec laquelle Mark
avait remis la jeune fille à sa place. Ce n'était
certainement pas avec lui qu'elle réussirait son
petit numéro de charme.

— Qu'est-ce qu'il y a dans ces sacs ? demanda
un petit garçon à la voix haut perchée.

— Le déjeuner, Timmy.

— Pour toi et Emma ?

— C'est ça.

— Vous avez de la chance.

— Mais toi aussi tu as mangé, non ?

— De la soupe de légumes !

Elle devina la grimace avec laquelle le bambin
avait lâché ce mot haï par des générations d'enfants et elle eut bien du mal à s'empêcher de rire
tout haut.

— Ma maman, elle me fait du poulet rôti.

Emma retrouva son sérieux pour prêter attention à la réponse qu'allait lui offrir Mark.

— Pourquoi ne lui écris-tu pas que tu aimerais
en manger aux prochaines vacances ? Demande à
quelqu'un de t'aider à rédiger ta lettre.

— A qui ?

— Je ne sais pas, Bella, par exemple.

Bien joué, Mark ! s'exclama-t-elle intérieure-
ment. Bella était très intelligente mais pour
d'obscures raisons elle préférait donner d'elle

l'image d'une adolescente futile et superficielle. Si elle se sentait utile à quelqu'un, peut-être se déciderait-elle enfin à sortir de sa coquille.

La jeune fille grommela un vague « Pourquoi pas ? » Puis le battant de la porte du bureau d'Emma fut poussé, livrant passage à un Mark souriant. Elle eut envie de se jeter dans ses bras, de réfugier sa tête contre son épaule, d'entendre le sourd battement de son cœur.

Mais qu'était-il advenu de la jeune femme farouchement indépendante d'autrefois ? Jamais auparavant elle n'avait éprouvé ce besoin de présence, même avec Joe Richards. De toute façon il n'était jamais là.

Mark repoussa la porte du talon et s'avança dans la pièce, les bras chargés de paquets.

— Que contiennent ces mystérieux colis ?

— Le péché de gourmandise, ni plus ni moins.

— Hmm ! J'en ai déjà l'eau à la bouche.

Elle s'empressa de défaire les emballages et découvrit avec ravissement de la salade chinoise au crabe, des pâtés impériaux et tout un assortiment de bonnes choses.

Etrangement la véritable raison de ce repas en tête à tête lui était complètement sortie de l'esprit. Ils étaient ensemble, cela seul comptait. Elle en avait totalement oublié ses soupçons. Jamais Mark ne ferait rien qui puisse la blesser.

— Donc, cher collègue, vous avez sollicité une entrevue. Eh bien, je vous écoute.

Il s'assit dans un fauteuil et se rejeta en arrière en croisant les jambes d'un air important.

— Je... je crois que je me suis un peu affolée ce matin. Cette note de service m'a causé un tel choc !

Il opina et recourba un doigt vers le haut pour lui faire signe d'approcher.

— Venez un peu par ici, petite épouse chérie.

— Non, pas dans le bureau !

— Et pourquoi pas ? Nous ne nous sommes jamais gênés jusque-là. La respectabilité qui accompagne le mariage nous interdirait-elle d'échanger un légitime baiser ?

Elle s'assit docilement sur ses genoux et passa un bras autour de son cou. Pendant quelques minutes ils furent beaucoup trop occupés pour poursuivre cette intéressante polémique. Mais bientôt Emma se dégagea de l'étreinte de Mark et regagna son siège.

— Maintenant, docteur Forest, passons aux choses sérieuses.

Elle croisa les bras sur sa poitrine pour bien marquer sa détermination.

— Si tu veux parler du déjeuner, je suis tout à fait d'accord.

Il joignit le geste à la parole en riant. Après avoir avalé quelques bouchées, il prit un visage plus grave et déclara :

— Jenner est fermement décidé à te mettre des bâtons dans les roues. Il a reçu l'ordre de réduire le budget et profitera certainement de l'occasion pour assouvir des vengeances personnelles. Inutile de te dire que tu es en tête de liste.

— Inutile, en effet.

Emma se mordit les lèvres et fronça les sourcils en tapotant nerveusement son sous-main.

— J'aurais mieux fait de tenir ma langue, mais je ne pense pas que cela aurait servi à grand-chose.

— Franchement, moi non plus. Tu lui fais peur

parce que tu bouscules ses conceptions archaïques et que tu menaces ses privilèges.

— Les méthodes de Jenner sont la négation même de la psychiatrie moderne.

— Je suis bien d'accord. Mais nous ne pouvons rien contre lui tant que nous ne savons pas ce qu'il manigance exactement. Je crois que pour l'instant la balle est dans son camp.

— J'en ai bien peur et je ne supporte pas de ronger mon frein toute seule dans mon coin en attendant qu'il se décide à déclencher les hostilités.

— Tu n'es pas seule, Emma, fit-il gentiment remarquer, je suis là.

— Je sais, répondit-elle avec un sourire d'excuse. Il faut que tu me laisses le temps de m'y habituer.

Il se leva en poussant un soupir résigné et entassa pêle-mêle les emballages vides dans la corbeille à papier.

— Bon, je file. J'ai un rendez-vous à quatorze heures.

Il déposa un rapide baiser sur les paupières d'Emma avant de se diriger vers la porte dont il saisit la poignée.

— A propos, dit-il en interrompant son geste, si Sam continue à jouer les enfants terribles, il va falloir y mettre bon ordre.

— J'y songe.

— Eh bien, songeons-y à deux, nous n'en serons que plus efficaces. A ce soir.

La jeune femme contempla pensivement le battant qui venait de se refermer sur lui. Partager ses joies et ses peines se révélait beaucoup plus difficile qu'elle ne l'avait prévu. Si Mark n'offrait pas son aide elle ne pensait jamais à lui confier ses problèmes. Les vieilles habitudes ont la vie dure. Malgré tous ses efforts elle ne parvenait pas à s'en débarrasser. Et Mark commençait à s'impatienter.

4

— Croyez bien que je suis le premier à déplorer cette situation, conclut le Dr Jenner. Mais vous connaissez aussi bien que moi nos difficultés financières et je suis sûr que vous comprenez la nécessité de ces mesures.

La jeune femme avait écouté sans mot dire la longue liste de restrictions qui allaient affecter son service. A ce stade on ne pouvait plus parler de restrictions, mais bel et bien de sabotage. La sirène d'une ambulance retentit au loin et Emma eut l'impression qu'elle sonnait le glas de ses trois années d'efforts acharnés. Jenner attendait sa réponse. Il ne fallait pas que sa voix trahisse son désespoir. Elle ne lui donnerait pas cette satisfaction.

— Je comprends parfaitement votre position, docteur Jenner.

Ce dernier ne s'attendait pas qu'elle réagisse avec autant de calme et elle éprouva un malicieux plaisir à le voir ainsi décontenancé.

— Il me faudra quelque temps pour adapter

mon programme à vos exigences. J'espère que cela ne vous dérange pas.

Le Dr Jenner s'était déjà ressaisi.

— Mais pas du tout, chère collègue. J'attends vos suggestions avec impatience.

Il avait volontairement appuyé sur le mot « suggestion » pour bien lui faire comprendre que la décision finale n'incombait qu'à lui.

Elle se leva et lui tendit la main.

— Eh bien, je vous ferai parvenir mes « conclusions » d'ici quelques jours.

Une fois sortie de la pièce elle se frotta vigoureusement la paume sur son pantalon comme si elle avait été souillée par le seul contact des doigts du directeur.

— Je ne suis là pour personne, Lyn, déclara-t-elle à sa secrétaire avant de pénéter dans son bureau. S'il y a un problème avec un malade, adressez-vous à Mark ou à Delia.

Cependant, la secrétaire sembla ignorer son interdiction car quelques minutes plus tard la porte s'entrouvrit.

— J'ai dit que je ne voulais être dérangée sous aucun prétexte, lança-t-elle sans lever les yeux de la lettre qu'elle était en train de rédiger.

— Même pas par moi ?

Nonchalamment adossé au chambranle de la porte, Mark la regardait d'un air amusé. L'assurance virile qui émanait de lui semblait emplir la pièce, et la jeune femme ne put s'empêcher de répondre à son sourire.

— Je vois que les nouvelles vont vite.

— Eh oui ! Comment as-tu l'intention de riposter ?

— En démissionnant.

Elle désigna du doigt le texte qui n'attendait plus que sa signature.

— Ne fais pas de bêtises. C'est exactement ce que Jenner attend et il ne se gênera pas pour l'accepter.

— Mais tu n'as pas l'air de comprendre : je ne fais pas semblant, je démissionne pour de bon.

— Jamais de la vie !

Mark s'empara prestement de la lettre et la brandit avec dégoût entre le pouce et l'index.

— Rends-moi ça !

Emma bondit pour récupérer le papier mais Mark le maintint hors de portée de la jeune femme.

— Assieds-toi et écoute-moi.

— Je n'écouterai rien du tout. Rends-moi immédiatement cette lettre.

— Fais ce que je te dis, insista-t-il.

Surprise par ce brusque changement de ton, Emma se laissa tomber sur son siège avec un petit cri.

Il se dirigea vers la porte et passa la tête dans l'entrebâillement pour s'adresser à la secrétaire visiblement affolée par ces éclats de voix.

— Ne nous transmettez aucune communication jusqu'à nouvel ordre. A moins, bien sûr, qu'il ne s'agisse d'un cas d'extrême urgence.

Puis il repoussa le battant et se tourna vers Emma qui ne s'était pas encore remise de son saisissement.

— Comment oses-tu me parler sur ce ton ?

— Compte tenu de ton état nerveux un petit choc émotionnel me paraissait tout indiqué.

Il lui sourit gentiment pour la prendre à témoin de ses bonnes intentions.

— Maintenant préfères-tu que nous discutions ici ou à la maison ?

— Non, Mark, c'est inutile, ma décision est prise. J'en ai assez de me battre. Voilà des années que j'essaie d'imposer mes idées. Je ne suis pas de taille à lutter contre des individus comme le Dr Jenner.

— Et que deviennent tes protégés dans tout ça ?

— Oh non ! Pourquoi faut-il que tu me portes ce coup bas ?

— Parce que tes malades constituent justement le véritable enjeu de cette affaire et tu le sais très bien. Alors, dois-je déchirer ce torchon ou préfères-tu le faire toi-même ?

Il agita dédaigneusement la lettre de démission devant ses yeux.

Avec un soupir résigné elle la prit et en fit une boule qu'elle jeta dans la corbeille à papier.

— Bravo ! Je téléphone à Meg pour lui dire que nous serons en retard.

— Pourquoi ? Où allons-nous ?

— Je t'emmène au restaurant fêter dignement la victoire de cette première escarmouche.

— Quand tu auras fini de te venger sur cette malheureuse écrevisse qui ne t'a rien fait, peut-être pourrons-nous mettre au point un plan de bataille.

La jeune femme sourit et porta à sa bouche la pince qu'elle venait de briser pour en savourer la chair délicate.

— Je suis tout ouïe.

— Parfait ! Premier point : on te demande de procéder à certaines modifications au sein de ton

46

service. Mais rien ne t'oblige à te plier aux exigences de Jenner. Il n'a aucun pouvoir de décision et, s'il désapprouve ton choix, c'est le conseil d'administration qui tranchera en dernier recours. Malgré ta réputation de franc-tireur nos tout-puissants experts financiers reconnaissent tes mérites. Le succès de tes méthodes a rejailli sur l'hôpital qui bénéficie grâce à toi d'une réputation enviée.

Il lui saisit la main par-dessus la table et la serra affectueusement comme pour la féliciter de ce beau résultat.

— Second point : un congrès international de psychiatrie se tiendra à Londres au mois d'avril.

— Oui, je sais, tu dois y soutenir un mémoire sur l'autisme.

— Exact. Eh bien, pourquoi ne profiterais-tu pas de cette occasion pour faire connaître tes théories ? Je suis sûr que ces messieurs se montreraient fort intéressés par l'expérience originale que tu mènes à Sainte-Anne. Ainsi nos chers administrateurs ne pourraient plus te désavouer sans soulever un tollé.

Emma parut soudain se passionner pour le contenu de son assiette.

— Je ne suis pas certaine d'être à la hauteur, finit-elle par dire d'une voix hésitante. Depuis le temps que je me consacre à la pratique, j'ai un peu perdu l'habitude des brillants exposés théoriques.

— Tu te sous-estimes, ma chérie. Et puis ne suis-je pas là pour t'épauler ? Si tu veux bien de mon aide.

— Comment peux-tu croire le contraire ?

— Alors vidons nos verres et rentrons.

Il but sa bière d'un trait et fit signe au serveur.

— Pourquoi une telle hâte ? murmura-t-elle en lui adressant un regard complice.

— Parce qu'il y a certaines choses que les convenances nous interdisent de faire en public. De plus, sans dénigrer les qualités du Dr Grantham, j'avoue que je ne serais pas fâché de me retrouver en tête à tête avec ma femme.

— Décidément, séduire un homme marié devient de plus en plus difficile.

— Surtout quand l'homme en question a une épouse comme la mienne.

Il remplit son chèque et le tendit en souriant à la serveuse ébahie qui avait surpris la fin de la conversation.

— Pas question que je m'assoie à côté de lui ! s'exclama d'un ton péremptoire un adolescent au blouson de cuir.

Mario et José étaient cousins. Ils se vouaient une haine mutuelle, à l'exemple de leurs deux familles que certains différends opposaient.

— Installe-toi où tu veux mais, de grâce, cesse de tourner en rond. Nous avons pris assez de retard comme ça, répliqua Emma.

— Mais il n'y a aucune autre chaise libre, protesta José en désignant de la tête le siège vacant à côté de son cousin qui l'observait d'un air goguenard.

— Bon ! Est-ce que quelqu'un veut changer de place avec José ?

Immédiatement la vingtaine d'enfants réunis pour assister à l'assemblée générale hebdomadaire se leva comme un seul homme et se livra à un frénétique chassé-croisé dans un concert discordant de grincements de chaises et de rires ravis.

En temps ordinaire la jeune femme aurait été amusée par cette scène cocasse, mais la tension de ces derniers jours et la crainte de voir démanteler son service lui ôtaient provisoirement tout sens de l'humour.

— Très bien. Plus personne ne bouge, ordonnat-elle avec une sévérité dont elle s'étonna elle-même. Que chacun regagne sa place.

Surpris par cet éclat inhabituel, les enfants obéirent docilement. Mais le problème de José n'était toujours pas résolu.

— Tu vas me faire le plaisir de t'installer sur cette chaise.

C'en était assez. A cause de l'hostilité entre les deux cousins elle avait failli perdre le contrôle de la réunion. Mais, au défi que lui lançaient les prunelles noires de l'adolescent, elle comprit qu'il s'apprêtait à lui tenir tête. Puisqu'elle avait provoqué cette confrontation, elle ne pouvait se permettre de la perdre en public.

Les secondes s'égrenèrent dans un silence pesant. Puis Emma décela une lueur d'hésitation dans le regard de José. Si elle lui donnait l'occasion de sauver la face, elle gagnait la partie.

— Ecoute, pourquoi ne t'assieds-tu pas à côté de ton cousin pour l'instant ? Si tu veux, nous allons mettre votre mésentente à l'ordre du jour.

— Nos histoires ne regardent personne, s'exclama Mario qui n'avait encore rien dit, tandis que José le rejoignait à contrecœur.

— Qu'en pensent les autres ? Se sentent-ils concernés ?

— Oui.

L'affirmation provenait de Jerry Donovan. Emma en oublia sa fatigue : c'était la première fois que le jeune garçon se manifestait autrement que par des bâillements ennuyés.

— Nous, quand on a un problème on en parle à Emma ou à Mark. Mais avec José et Mario tout le monde y a droit. C'est pas normal. Ils n'ont qu'à s'expliquer une bonne fois pour toutes et...

— Désolé de vous interrompre, docteur Grantham.

La voix doucereuse du Dr Jenner fit sursauter la jeune femme. Comment osait-il intervenir à un moment aussi crucial ? Il pénétra dans la pièce suivi d'un groupe de « touristes ». C'est ainsi que le personnel de Sainte-Anne désignait les visiteurs de marque que l'on promenait périodiquement d'un service à l'autre, suivant un itinéraire judicieusement établi, afin de leur faire admirer les prouesses de l'administration hospitalière.

Emma sauta du rebord de la fenêtre où elle s'était installée avec cette décontraction qui caractérisait les assemblées générales. Il ne fallait pas qu'elle montre sa contrariété.

— Les enfants, nous avons de la visite. Nous poursuivrons notre discussion une autre fois. Delia voulait vous parler de l'anniversaire de Peter. Si, malgré le froid, vous êtes toujours d'accord pour faire un méchoui, il faut que quelqu'un nettoie le barbecue. Il me semble que nous l'avons laissé dans un piteux état après notre dernière petite fête. Alors, qui se porte volontaire ?

Une rumeur embarrassée répondit à sa question. Mais contre toute attente Jerry Donovan leva le doigt.

— Moi.

— C'est très bien, Jerry, je compte sur toi.

Avec un sourire elle se dirigea vers le groupe de visiteurs attentifs.

— Peut-être pourrions-nous passer dans la salle de détente ?

Ses hôtes la suivirent le long d'un couloir jusqu'à la grande pièce qui se trouvait à l'autre bout du service.

— J'ai l'impression que nous sommes tombés comme un cheveu sur la soupe, docteur Grantham. Sachez que nous en sommes tous navrés.

Cette déclaration dissipa aussitôt la rancœur d'Emma. L'intervention venait de Charles Graves, président du conseil d'administration, dont l'aide précieuse lui avait permis plus d'une fois de passer à travers les mailles du filet bureaucratique.

— Aucune importance, monsieur Graves. Nos réunions hebdomadaires étaient considérées comme sacro-saintes autrefois, mais les temps ont bien changé.

Son interlocuteur accueillit cette remarque d'un hochement de tête navré.

— Si vous désirez me poser des questions, je suis à votre entière disposition, déclara-t-elle à la cantonade d'un ton qui se voulait jovial.

Elle consacra la demi-heure suivante à satisfaire la curiosité de son auditoire. Les relations publiques faisaient partie de son métier — maintenant plus que jamais.

Alors que les visiteurs la remerciaient de son obligeance et se préparaient à partir, Charles Graves posa la main sur le bras du Dr Jenner.

— J'aimerais m'entretenir en particulier avec

le Dr Grantham. Continuez sans moi, je vous rejoins.

A regret, Jenner entraîna le groupe, non sans avoir lancé au passage un regard venimeux à la jeune femme.

— Vous vous êtes fait un ennemi puissant, dit pensivement le président tandis qu'Emma refermait la porte.

Elle acquiesça d'un sourire résigné.

— Il paraît que vous avez sollicité une audience auprès du conseil d'administration.

— Je m'étonne d'ailleurs que Jenner ait transmis ma requête.

— Ne soyez pas injuste : notre directeur est tout, sauf un imbécile.

— C'est bien ce qui m'ennuie.

Ils rirent tous deux de cette remarque puis Graves retrouva son sérieux et enchaîna :

— Eh bien, le prochain conseil a lieu mardi. Combien de temps vous faut-il pour exposer vos problèmes ?

Emma étouffa un cri de surprise. Mardi prochain ! Pas même une semaine pour se préparer ! Mais elle ne pouvait pas se permettre de laisser passer une telle occasion.

— Trente minutes, répondit-elle d'un ton ferme.

— Je vous accorde une heure, de trois à quatre. Tâchez de décider Mark à vous accompagner : deux opinions valent mieux qu'une.

Emma fronça les sourcils.

— Si Mark vient, Jenner va crier au coup monté.

— Je suis sûr qu'il ne fera pas cette bêtise. Seul

52

un imbécile pourrait contester l'objectivité de votre mari.

— Et comme vous l'avez si bien dit, Jenner est loin d'être idiot.

— Exact.

Graves quitta la pièce avec un petit sourire.

5

— Comment te sens-tu, Emma ? s'enquit Delia lorsque la jeune femme pénétra dans la salle de garde le mardi suivant.

— Je suis morte de trac.

— On ne le dirait pas, remarqua l'infirmière en détaillant d'un œil approbateur son tailleur gris souris, son chemisier de soie blanche et son élégant chignon.

— J'ai essayé de me faire une tête d'institutrice, dit Emma en tirant de son sac une paire de lunettes qu'elle posa sur le bout de son nez. Qu'en penses-tu ?

— Je ne crois pas que Jenner soit dupe, pas plus que Charles Graves, répliqua Delia en riant.

— Bon, d'accord, tout le monde connaît ma réputation de fauteur de troubles, mais l'important c'est ce qu'il y a là-dedans.

Elle tapota la serviette qui contenait son dossier.

— Si les membres du conseil d'administration acceptent d'écouter ma plaidoirie, il n'y aura pas de problème.

— J'aime t'entendre parler ainsi.

Mark entra dans la pièce et assena une tape d'encouragement sur l'épaule de son épouse. Il portait un costume trois-pièces à la coupe impeccable. Sa chemise de soie bleu pâle faisait ressortir son teint hâlé et tranchait heureusement avec sa chevelure d'ébène.

— Tu es superbe, s'écria Emma.

— Puis-je me permettre de te retourner le compliment ?

Il parcourut sa gracieuse silhouette d'un regard admiratif.

— Es-tu nerveuse, ma chérie ?

— Je tremble comme une feuille, répliqua-t-elle avec franchise. Mais n'aie crainte, je saurais me montrer à la hauteur de la situation.

— Eh bien ! Docteur Grantham, si vous le voulez bien, allons nous jeter en pâture aux fauves.

— Bonne chance, leur souhaita Delia en croisant les doigts.

— Prends ma main, chuchota la jeune femme tandis que l'ascenseur les déposait au sixième étage.

— Mais elle est glacée ! L'épreuve ne va pas être aussi terrible que tu l'imagines, détends-toi.

— Je préfère me préparer au pire.

Une jeune secrétaire les accueillit avec le sourire et les conduisit vers une imposante porte en chêne à double battant.

— M. Graves m'a dit de vous faire entrer dès votre arrivée.

Mark lâcha la main d'Emma et s'effaça pour la laisser pénétrer dans la grande salle aux lumières reflétées par la surface polie d'une immense table ovale. Les visages qui se tournèrent vers elle lui étaient tous familiers.

— Je vous en prie, prenez place, dit Charles Graves en leur indiquant deux sièges vacants de part et d'autre de la table.

Emma se sentit soudain désemparée. Mark serait si loin d'elle. Mais le sourire encourageant qu'il lui adressa semblait lui dire qu'elle n'avait pas besoin de lui, qu'elle s'en tirerait très bien toute seule.

Brusquement toute son appréhension disparut comme, lorsque après avoir consciencieusement préparé un examen, on se retrouve enfin confronté au jury.

— Docteur Grantham, vous avez la parole, déclara le président.

— Je vous remercie, messieurs, d'avoir accepté de me laisser troubler le déroulement de ce conseil d'administration.

Elle ponctua ce préambule en adressant à l'assistance un sourire poli. Mais la voix de Jenner l'empêcha de poursuivre.

— Il paraît que vous avez l'intention de participer au congrès international de Londres pour y décrire le fonctionnement de notre service de psychiatrie infantile.

— C'est exact.

— Ne vous est-il pas venu à l'idée que les membres du conseil d'administration ici présents ont un droit de regard sur ce genre de publicité ?

Jenner se renversa sur son siège en essayant de dissimuler le plaisir évident que lui procurait la rumeur soulevée par son intervention.

Je crois, Jenner, que vous avez abattu vos cartes un peu trop tôt, pensa la jeune femme. Elle réprima immédiatement son enthousiasme. Il ne fallait surtout pas qu'elle sous-estime son adversaire. Après tout il avait peut-être d'autres atouts dans sa manche.

— Mon exposé, docteur Jenner, sera purement théorique. En aucun cas l'hôpital Sainte-Anne ne sera mentionné. Je me bornerai à décrire une méthode thérapeutique en l'appuyant sur des statistiques auxquelles tout le monde a accès. J'ai d'ailleurs apporté avec moi quelques exemplaires de cet exposé que je me proposais de faire circuler parmi vous. Si vous voulez en prendre connaissance, je suis tout à fait prête à répondre à vos questions.

Elle se félicita du ton désinvolte avec lequel elle venait de contrer l'attaque de Jenner.

Mark contemplait fièrement le visage de sa jeune épouse. Décidément elle ne le décevait pas. Non seulement elle parvenait à garder son sang-froid, mais encore elle faisait preuve d'une habileté digne d'un vieux briscard de la politique. La lueur volontaire qui brillait dans son regard bleu-mauve, le pli décidé de sa bouche le rassuraient pleinement sur sa capacité à déjouer les manœuvres du directeur. Il se demandait même comment il avait pu en douter une seconde. Emma avait toujours su se tirer de ce genre de situation et son manque d'assurance n'était que la marque d'une modestie louable.

— Ce ne sera pas nécessaire, Emma, dit Charles Graves. Bien sûr, nous le lirons volontiers, par curiosité scientifique, mais nous vous avons fait venir ici pour une tout autre raison.

Il l'avait appelée par son prénom. Cette entorse aux usages en vigueur dans ce genre d'occasion proclamait ses sympathies envers la jeune femme.

— Nous sommes impatients d'entendre les arguments que vous opposez à la restructuration de votre service.

— Il n'est pas question de maintenir le service dans sa forme actuelle.

Emma ne fut pas mécontente de son petit coup de théâtre. Tous les regards convergeaient vers elle avec un étonnement visible.

— Je suis tout à fait consciente des modifications que nous imposent les récentes restrictions budgétaires. Je me bornerai donc à faire des propositions qui devraient nous permettre de réduire nos dépenses sans que la qualité du service que nous offrons s'en ressente.

— Nous avons hâte d'entendre vos suggestions, déclara le président en esquissant un sourire.

Emma exposa longuement les avantages de sa méthode en mettant bien l'accent sur le lien entre ses résultats et le soutien politique et financier de l'hôpital. Elle observa Mark à la dérobée. Il paraissait tout à fait détendu, signe qu'elle n'avait encore commis aucun faux pas.

Mark surprit son regard mais il détourna aussitôt les yeux de peur qu'elle n'y lise un message qui risquait de la distraire de sa tâche.

— Vous ne dites rien de la principale raison du succès de votre programme, lança le président.

— Laquelle ?

— Vous.

— Eh bien, répondit-elle, j'osais espérer que,

bien que grevant lourdement notre budget, cette dépense serait maintenue.

Un rire approbateur salua l'humour de sa repartie et la tension qui régnait dans la salle se dissipa momentanément.

— En résumé, je dirais que, si nous ne pouvons réduire nos effectifs sans risquer d'affecter l'efficacité de notre traitement, nous n'avons pas pour autant besoin d'une armée de spécialistes. Je suggère donc que nous abandonnions provisoirement le recrutement de personnel hautement qualifié pour ouvrir nos services à des étudiants que nous encadrerons avec soin, ce qui aura le double avantage de réduire nos frais et de nous permettre d'initier à nos méthodes nos futurs successeurs. Dans notre métier l'enthousiasme est souvent plus important que les connaissances théoriques et je suis convaincue que cette formule s'adaptera à nos besoins.

— Mais vos collaborateurs accepteront-ils ce surcroît de travail sans exiger en retour une hausse de leurs salaires ? s'enquit une dame à la coiffure irréprochable en se penchant vers elle.

— Peut-être Mark désire-t-il répondre à cette question ?

Elle lui passa le relais avec soulagement. Elle pourrait ainsi bénéficier de quelques minutes de répit pour se préparer à la question suivante.

Mark prit la parole d'une voix posée.

— Nous en avons longuement discuté avec toute l'équipe, madame Lewis. Chacun est prêt à supporter ce fardeau supplémentaire. Ce serait faire insulte au dévouement du Dr Grantham que de placer nos revendications personnelles avant l'intérêt des malades. De plus je me propose de seconder Emma dans son travail de supervision afin de faciliter la concertation entre les différents responsables du service.

Le président approuva cette initiative d'un bref mouvement de tête.

— Très bien, mais que comptez-vous faire à propos de cette autre source de dépense que contestent nos experts financiers — je veux parler de la durée de séjour illimitée ?

— C'est un problème plus épineux, avoua la jeune femme. Nous nous trouvons devant un choix : si nous renonçons à poursuivre jusqu'au bout le traitement de nos petits patients, nous risquons de voir diminuer sensiblement le pourcentage de guérison. Vous connaissez aussi bien que moi l'importance que nos mécènes attachent au taux de réussite et je n'ai pas besoin de vous décrire les conséquences désastreuses qu'une telle politique risquerait d'avoir sur le renouvellement de nos subventions.

A la réaction de l'auditoire Emma comprit qu'elle avait touché le point sensible.

— Donc, poursuivit-elle, il faut envisager la deuxième hypothèse qui consiste à modifier nos critères d'admission. Je me suis permis d'établir de nouveaux barèmes que je vais soumettre à votre approbation. Vous constaterez que j'abandonne le principe de troisième admission — triste, mais inévitable.

La voix sèche de Jenner tira brutalement l'auditoire de sa méditation.

— Il me semblait que ce principe constituait déjà une entorse à nos règlements.

— Mais vous savez très bien, docteur Jenner, que l'exception fait la règle. Je vous ai d'ailleurs transmis pour information une notification dûment détaillée de chacune de ces infractions. Comme vous n'avez pas daigné y donner suite, j'en ai déduit que vous les approuviez.

Emma haussa les épaules d'un air résigné. Elle venait d'accuser son directeur d'un grave manquement à ses responsabilités. Il n'y avait désormais plus moyen de faire machine arrière. Eh bien ! Tant pis. Les dés étaient jetés et elle allait devoir jouer la partie jusqu'au bout.

Oh ! Emma, Emma, se dit Mark. Pourquoi a-t-il fallu que ces paroles malheureuses t'échappent à un moment aussi crucial ? Il lança un regard anxieux en direction de la jeune femme dont les joues habituellement pâles viraient au pourpre. Ses grands yeux semblaient lui confier : « Eh oui, que veux-tu, tout le monde a ses limites. Tu ne t'attendais tout de même pas que je devienne tout à coup une championne de la diplomatie ? »

— Peut-être pouvons-nous remettre cette discussion à plus tard, déclara Graves d'une voix calme pour dissiper l'atmosphère pesante que cette accusation venait de créer dans la salle. Mark, avez-vous quelque chose à ajouter ?

— Non, à moins que vous ne désiriez me poser d'autres questions.

Les membres du conseil d'administration ne se firent pas prier et il s'employa à satisfaire leur curiosité.

Emma, qui savait son rôle terminé, se renversa sur son dossier en essayant de dissimuler sa contrariété.

Quand l'auditoire s'estima satisfait des réponses de Mark, Charles Graves se leva et les raccompagna tous deux jusqu'à la porte.

— Ce n'était pas très habile de votre part d'attaquer Jenner de front, confia-t-il à voix basse à la jeune femme.

— Je sais, je suis désolée. Je crois que je n'ai pas fini d'en entendre parler, ajouta-t-elle en observant à la dérobée Mark dont la mine rembrunie ne lui disait rien de bon.

Le regard du président alla de l'un à l'autre et il sourit.

— Je suis sûr que votre cher époux saura se montrer compréhensif. Vous aurez la réponse du conseil d'ici quelques jours. Ne soyez pas trop pessimiste, vous avez été très convaincante.

Mark tourna les talons et Emma le suivit hors de la salle.

— Tu ne dis rien ?

— Je pourrais te reprocher ton manque de... euh... tact, disons, mais à quoi cela servirait-il ?

— A rien, je me suis conduite comme une idiote, je le reconnais. Que veux-tu, l'hypocrisie de Jenner m'a vraiment fait voir rouge. Pourtant je sais bien qu'en l'attaquant ouvertement je me mets tout le conseil d'administration à dos. Après tout, ne l'ont-ils pas élu eux-mêmes à son poste de directeur ?

— Rassure-toi, dit-il en la prenant gentiment par l'épaule, voilà bien longtemps que Jenner a perdu les faveurs de ses supérieurs qui n'attendaient qu'une occasion pour le coincer. Il se peut que tu leur aies justement offert ce prétexte. Ce qui ne veux pas dire que j'approuve ta conduite, ajouta-t-il avec une sévérité feinte.

La jeune femme fronça un sourcil perplexe.

— Comment peux-tu affirmer que Jenner est en disgrâce ?

— Je suis mieux placé que personne pour le savoir.

Quelque chose dans l'intonation de Mark fit tressaillir la jeune femme et une horrible pensée lui traversa l'esprit.

— Qu'entends-tu par là ? Aurais-tu l'intention de prendre la place de Jenner ?

— Cette éventualité a effectivement été évoquée, répondit-il d'un ton détaché, beaucoup trop détaché.

Emma eut soudain l'impression que son cœur allait cesser de battre. Elle en resta un instant sans voix.

— Et tu ne m'as jamais rien dit, parvint-elle enfin à articuler.

— L'endroit n'est pas vraiment bien choisi pour ce genre de discussion, chuchota-t-il.

Elle prit soudain conscience qu'ils étaient plantés au beau milieu d'un couloir encombré d'une foule de gens qui les frôlaient au passage et leur adressaient des coups d'œil intrigués.

— Mais alors, où et quand ?

— Ce soir. Je rentrerai vers six heures et demie.

— Pas question que nous réglions nos problèmes à la maison !

Ils faisaient tous les deux leur possible pour éviter que leur vie professionnelle ne vienne troubler l'harmonie paisible du foyer, et cette conversation risquait fort de s'envenimer. Elle ne tenait absolument pas à ce que Sam, Meg et Ted subissent ce qui serait sans aucun doute la première querelle grave de leur mariage.

— Bien. Passe me prendre à mon bureau vers six heures. Nous irons dîner dehors.

— Je préviens Meg ou tu t'en charges ?

Ce genre de détail domestique lui paraissait tout à coup étrangement déplacé.

— Je m'en occupe. Il faut que je te quitte, j'ai un rendez-vous dans dix minutes.

— Je crois que nous allons avoir dorénavant bien du mal à concilier travail et vie privée.

Elle tourna les talons et se dirigea vers l'ascenseur. Mark la regarda s'éloigner en passant une main nerveuse dans son épaisse chevelure brune. Il se maudissait de ne pas avoir pu lui fournir sur-le-champ les explications qu'elle attendait, de n'avoir pu apaiser le tourment qu'exprimait si clairement son regard meurtri. Pourquoi fallait-il toujours qu'un obstacle imprévu vienne contrecarrer les intentions les plus louables ?

Avec un long soupir résigné il fit demi-tour et s'en alla dans la direction opposée.

— Au revoir, Emma, s'écria un chœur de voix aiguës tandis que la jeune femme traversait le refectoire où les enfants s'apprêtaient à dîner.

Elle s'arrêta à la porte. Il lui fallait sans cesse se battre pour obtenir des instances dirigeantes que cette porte ne soit pas verrouillée. Pour une raison inexplicable l'idée d'un service ouvert leur inspirait une crainte sans nom.

Mais ce n'était qu'une des nombreuses tracasseries qu'elle subissait de l'administration. Elle avait dû arracher de haute lutte le droit pour ses petits pensionnaires à recevoir des vivres de la cuisine — façon d'améliorer leur ordinaire — ou à grignoter s'ils en avaient envie. En fait tout ce qui pouvait rendre leur vie aussi proche que possible de la normale était considéré par les esprits étroits comme une atteinte à la sacro-sainte austérité de rigueur dans un hôpital psychiatrique.

— Bonsoir, les enfants, répondit-elle aussi joyeusement qu'elle put, compte tenu de l'épreuve qui l'attendait. Ne faites pas de bêtises.

— Pour ça, il n'y a aucun danger !

Bien entendu la réflexion provenait de Bella. La jeune fille prenait toujours un malin plaisir à interpréter les phrases les plus innocentes. Malgré les circonstances Emma ne put s'empêcher de sourire.

— Tu as toute la vie devant toi pour faire des bêtises, ma chérie.

— Quand sors-tu, Bella ?

En dépit du ton sarcastique de Jerry Donovan, la jeune femme y décela une préoccupation sincère qui alerta son sens professionnel.

— Sais pas, répondit Bella en se plongeant avec un intérêt soudain dans la lecture d'un magazine. Quand Emma en décidera ainsi, je présume.

— Non, Bella, quand toi, tu en décideras ainsi. Je ne prends jamais ce genre de décision à votre place et tu le sais très bien. Je me borne à émettre des suggestions.

— Des tas de suggestions, grommela l'adolescente en mordillant un ongle démesurément long.

— Trop, à ton avis ?

Pourquoi fallait-il que d'anodines paroles suscitent un débat aussi important justement ce soir-là ?

— Peut-être pas, mais c'est parfois l'impression qu'on a.

— Qui d'autre ici trouve que nous faisons trop de suggestions ?

Emma parcourut l'assistance du regard, résignée à entamer une longue discussion. Mais il n'y eut aucune réaction. Les enfants devaient être fatigués et ils mouraient probablement de faim.

— Qu'est-ce qu'on mange ce soir ?

Cette question lancée de l'autre bout de la salle éveilla aussitôt l'intérêt général.

— On va encore avoir droit à du bœuf ! Je me demande à quelle sauce ils l'auront préparé cette fois.

— A la vinaigrette, suggéra Emma en riant. Allez, bonsoir, tout le monde.

Elle referma la porte avec soulagement. Des tas de points essentiels venaient d'être soulevés mais ils feraient l'objet de séances ultérieures. Pour l'instant il fallait qu'elle se concentre sur sa prochaine conversation avec Mark.

Quand elle pénétra dans son bureau, il était en train de mettre de l'ordre dans ses papiers. Il leva les yeux et lui adressa un sourire de bienvenue.

— Alors, où veux-tu dîner ?

— Ça m'est égal.

— Tu ne m'aides pas beaucoup.

— Je sais, mais je n'arrive pas à me concentrer sur ce genre de futilité. Je me sens trop désorientée.

Elle se dirigea lentement vers la fenêtre qui surplombait le parc de Sainte-Anne et fixa pensivement le paysage qui s'étendait devant elle.

Mark soupira bruyamment.

— Je crois qu'un Martini ou deux ne nous feront pas de mal. On décidera ensuite de la marche à suivre.

— Comme tu veux.

— Nous prendrons ma voiture et laisserons la tienne au parking de l'hôpital. Demain matin je t'accompagnerai.

— Il faut que je sois là à huit heures.

— Pas de problème.

Il faisait tout son possible pour paraître enjoué mais la jeune femme ne parvenait pas à lui donner la réplique.

— Bon, eh bien, allons-y, se contenta-t-elle de dire. Je crois que j'ai assez vu cet endroit pour aujourd'hui.

Il eut soudain envie de la serrer dans ses bras, d'effacer par ses baisers la fatigue qui se lisait dans son regard, d'apaiser à force de caresses la tension de ce corps fragile. Mais il savait qu'elle le repousserait. Plus tard, quand ils auraient réglé ce malentendu dont il était la cause bien involontaire, elle accepterait le réconfort de ses tendres étreintes. Pas maintenant. Il se dirigea vers la porte, l'ouvrit et s'effaça pour la laisser sortir.

Emma le frôla au passage et un long frisson la parcourut. Oh! Se réfugier sur son épaule, se laisser bercer par ses paroles rassurantes qui lui promettraient que tout allait continuer comme avant! Mais était-ce bien possible? Mark venait de révéler un aspect de sa personnalité qu'elle n'avait jamais soupçonné et qui plaçait ses ambitions bien au-delà de l'intérêt des malades. Même s'il n'obtenait pas le poste de Jenner cette fois-ci, il n'aurait probablement de cesse d'atteindre l'ultime objectif que lui fixait sa soif de pouvoir : la direction de l'hôpital. Dire qu'elle avait cru qu'ils poursuivaient le même but, que le même dévouement les animait!

Ils roulèrent en silence, engourdis par le ronronnement du moteur et l'intimité trompeuse de l'habitacle.

— Si nous allions au Sheraton? suggéra enfin Mark. Nous n'aurions pas de problème de parking et on y trouve à la fois un bar et un restaurant.

— Je veux bien.

Elle tenta de mettre un peu d'enthousiasme dans sa réponse mais il ne fut pas dupe et soupira de nouveau. Ils n'échangèrent plus un mot de tout le trajet.

Quand ils pénétrèrent dans le bar de Sheraton, ils constatèrent qu'il y régnait une bruyante activité. Ils avaient dû tomber au beau milieu d'un congrès. Mais, après tout, peut-être était-ce mieux ainsi. Ils pourraient s'expliquer sans risquer d'attirer l'attention.

Quand on leur apporta les apéritifs, Mark se décida à prendre la parole.

— A toi l'honneur de lancer les débats.

— Pourquoi moi ? protesta-t-elle en jouant nerveusement avec la rondelle de citron qui ornait le rebord de son verre. Il me semble que c'est plutôt à toi de me donner des explications.

— Pose-moi des questions, je te répondrai.

— Tu sais parfaitement ce qui me préoccupe.

— Bien sûr, mais je n'ai rien à ajouter à ce que tu sais déjà. Charles Graves m'a seulement demandé il y a quelques jours si je serais éventuellement disposé à remplacer Jenner, c'est tout.

— Et il ne t'est pas venu à l'idée de m'en parler ?

— Pas avant d'avoir décidé si j'allais accepter ou non. Je ne voyais pas l'intérêt d'entamer une longue polémique sur quelque chose qui ne se produirait probablement pas.

— Et tu n'as pas vu non plus l'intérêt de me mettre au courant des restrictions budgétaires.

— Comme je ne pensais pas que ces mesures étaient imminentes, je ne voulais pas t'inquiéter inutilement. Mais les événements se sont précipités et nous ont pris tous deux au dépourvu.

— D'accord, je veux bien te croire. Par contre, en ce qui concerne ta nomination à la tête de Sainte-Anne, je trouve la nouvelle plus dure à avaler. Je ne comprends pas que tu ne m'aies jamais confié tes visées politiques.

— Quelles visées politiques ?

— Ne me prends pas pour une idiote. Briguer la direction d'un hôpital de cette taille requiert une ambition qu'on peut difficilement qualifier autrement.

Elle vida son verre d'un trait et Mark fit aussitôt signe au garçon d'en apporter un autre.

— Voilà donc ce qui te chagrine.

— Je me sens trahie, figure-toi. J'avais la faiblesse de croire que nous poursuivions le même idéal. Tu ne m'as jamais laissée soupçonner le contraire.

— Mais parce que c'est vrai !

— C'est faux ! s'exclama-t-elle. Tu préfères passer ta vie à effectuer un travail administratif bien payé plutôt que de t'intéresser aux gens qui rendent cette paperasserie nécessaire.

— Pourquoi ces deux tâches devraient-elles être obligatoirement incompatibles ?

Mark était maintenant en colère. Elle le voyait au pli sévère de ses lèvres, à l'éclat dur de son regard habituellement si tendre, à la rigidité de ses larges épaules. Mais elle ne se laisserait pas intimider. Elle but une longue rasade de son Martini avant de poursuivre.

— Tu n'auras plus le temps d'être un psychiatre et tu le sais très bien. Tu ne seras plus qu'un bureaucrate. Que va devenir ta prétendue vocation ?

Elle avala le reste de l'apéritif et en commanda immédiatement un autre.

— Je ne pense pas qu'un Martini de plus te servira à grand-chose, fit-il remarquer posément.

— Si tu permets, je préfère que tu m'en laisses juge. De toute façon, au point où j'en suis...

Elle se mordit nerveusement les lèvres comme si elle se retenait d'éclater en sanglots.

— Alors, tu ne réponds rien ? Que va devenir ta vocation dans ces beaux projets ?

— Je n'aurai plus le temps de m'y consacrer, comme tu l'as fait si justement remarquer.

— Et le service de psychiatrie infantile ? Je croyais que tu avais l'intention de m'épauler et pas de me laisser tomber.

— J'aimerais autant que nous discutions des solutions de manière plus constructive, répondit-il sèchement.

— Solutions ? Quelles solutions ?

— Un autre médecin consultant, ou plutôt un assistant permanent. De toute façon, même avec mon aide, tu n'aurais pas pu t'en sortir toute seule.

— Il n'est pas question que je travaille avec quelqu'un d'autre que toi, s'écria-t-elle, horrifiée. Tu es la seule personne qui me comprenne vraiment.

— Allons, n'exagère pas. Il y a des tas de psychiatres tout à fait compétents. Pourquoi qui compliques les choses.

— Ne renverse pas les rôles, je te prie. C'est toi qui complique les choses.

Que leur arrivait-il? Ils ne s'étaient encore jamais disputés et la jeune femme n'imaginait pas qu'une telle chose fût possible. Et pourtant voilà que l'amour et le respect qu'ils étaient censés éprouver l'un pour l'autre avaient fait place à cette haine absurde. Mais pouvait-elle endurer stoïquement la douleur insupportable que lui infligeait la trahison de Mark?

— Tu ne me laisses pas le temps de me défendre. Je t'en conjure, ma chérie, cessons de nous chamailler avant que les mots ne dépassent notre pensée.

— Mais ne comprends-tu pas qu'en acceptant la place de Jenner tu deviens du même coup mon patron?

— Et alors? En quoi cela risque-t-il d'affecter nos relations?

— Tu sais pertinemment que je suis sans cesse en conflit avec l'administration. Ce poste fait de toi mon ennemi.

La jeune femme blêmit comme si elle prenait soudain pleinement conscience de la situation.

— Tu oublies que, contrairement aux directeurs précédents, je comprends et j'approuve tes méthodes. Dès lors, pourquoi ne nous entendrions-nous pas?

Il parlait posément, dans un visible effort pour la convaincre.

— Parce que je fais passer l'intérêt de mes malades avant le règlement et que ton rôle sera justement de le faire respecter. Mes conceptions vont à l'encontre de ce que tu vas désormais représenter. J'essaie de briser le carcan de lois et de contraintes pour permettre aux enfants de se sentir libres, semblables aux autres. Je ne pense

72

pas que notre vie privée puisse résister au conflit permanent que sera notre vie professionnelle.

Elle termina sa phrase d'une voix étranglée puis elle se leva si brutalement qu'elle faillit renverser sa chaise.

— Désolée, il faut que je parte, sinon je sens que je vais éclater. Je prendrai un taxi pour rentrer.

Mark n'essaya pas de la retenir. Elle se faufila entre les clients qui s'amassaient autour du bar et disparut à sa vue.

Il resta un long moment immobile à contempler le fond de son verre. Bien sûr, Emma avait raison dans une large mesure. Pourtant il ne voyait pas d'autre moyen de l'aider à mener à bien son projet. S'il n'acceptait pas ce poste, d'autres Jenner s'en empareraient, se dresseraient sur la route d'Emma et finiraient bien, tôt ou tard, par venir à bout de son enthousiasme. Il lui faudrait convaincre sa fougueuse épouse qu'il avait fait le bon choix.

Il avala sans appétit un repas solitaire puis se décida à rentrer. La nuit s'annonçait longue et mouvementée mais il fallait absolument régler ce problème avant qu'il ne soit trop tard.

Il pénétra dans une maison silencieuse. Cependant, la porte de la cuisine s'ouvrit aussitôt sur Meg qui avait dû guetter son arrivée.

— Où est Emma ? demanda-t-il immédiatement en lui adressant un sourire un peu forcé.

— Couchée, je présume. Elle est rentrée vers huit heures et s'est rendue directement dans sa chambre.

La jeune femme retourna dans la cuisine où il la suivit.

— J'espère que je ne vous ai pas obligée à veiller.

— Non, non, pas du tout, j'étais justement en train de me préparer une tasse de chocolat. Vous en voulez ?

— Non, je vous remercie. Emma a-t-elle mangé quelque chose ?

— Pas que je sache. Mais que se passe-t-il, Mark ?

Il hocha la tête d'un air navré.

— C'est une bien trop longue histoire et elle n'est d'ailleurs pas terminée. Vous reste-t-il de la soupe en boîte ?

— Vous trouverez de la bisque de homard dans le placard. Emma en raffole.

— La chance est avec moi. Je ne pense pas pouvoir lui faire avaler autre chose que son plat préféré.

— C'est donc si grave ?

— J'en ai peur.

Il ouvrit la boîte, en vida le contenu dans une casserole qu'il posa sur le gaz. Puis il surveilla pensivement la cuisson.

— Si je peux vous aider en quoi que ce soit, surtout n'hésitez pas à m'appeler, dit Meg en prenant congé.

— Vous êtes gentille mais j'espère que je n'aurai pas besoin qu'on me prête main-forte.

Il émit un petit rire sans joie.

— Bonne nuit, Meg.

— Bonne nuit.

Quand la soupe parvint à ébullition il la versa dans un bol qu'il disposa sur un plateau avant de prendre lentement la direction de la chambre.

Adossée à l'oreiller, Emma lisait un roman. Il

fut pris d'un fou rire soudain au spectacle de la jeune femme engoncée dans une de ses chemises, le drap remonté jusqu'au cou et le regard dissimulé derrière d'énormes lunettes. Jamais auparavant elle n'avait offert une image aussi comiquement dissuasive.

Elle leva les yeux vers lui et l'observa à travers la cascade de cheveux blonds qui lui couvrait en partie le visage, s'efforçant de réprimer l'afflux d'émotions que lui procurait toujours sa présence.

Mark installa le plateau sur la table de nuit et se dirigea à pas lents vers le lit.

— Et si nous nous débarrassions de cette armure, petite Emma adorée ?

— Laisse-moi tranquille, protesta-t-elle faiblement en ôtant ses lunettes.

Il prit place à ses côtés sans mot dire et lui releva gentiment le menton.

Il constata que ses paupières étaient rougies et que son mascara formait des cercles d'ombre autour de ses yeux.

— Ma pauvre chérie, murmura-t-il, laisse-moi te consoler.

— Tu ne peux pas, gémit-elle tristement.

— Laisse-moi au moins essayer.

— Sûrement pas ! s'écria-t-elle en repoussant ses mains.

— Trop tard, répliqua-t-il en écartant le drap. Maintenant tu vas me faire le plaisir d'avaler cette soupe.

— Je n'ai pas faim.

— Mais tu n'as rien avalé de la soirée, à part trois Martini. Je me demande même si tu as seulement déjeuné aujourd'hui.

Il comprit à son mutisme embarrassé qu'il avait visé juste. Préoccupée qu'elle était par sa confrontation avec le conseil d'administration, elle en avait tout bonnement oublié de manger.

— On ne peut pas garder à la fois l'esprit clair et le ventre creux.

Il la laissa méditer sur cette vérité et se rendit dans la salle de bains pour se déshabiller et passer une robe de chambre. A son retour il constata avec soulagement que le bol était vide.

— Tu en veux encore ?

Il se pencha pour la débarrasser du plateau.

— En reste-t-il ?

— Oui, à la cuisine.

Elle acquiesça timidement et il s'exécuta aussitôt.

Après son départ la jeune femme se redressa dans son lit. Elle sentait une inexplicable sensation de bien-être l'envahir progressivement. Peut-être le potage en était-il la cause. Et puis elle avait déjà déversé tout son trop-plein d'agressivité et elle savait à l'air déterminé de Mark qu'il était bien décidé à plaider sa cause. Il allait dissiper le malentendu, apporter un formel démenti aux soupçons qui la rongeaient. Emportée par une juste colère, elle ne lui avait pas laissé la possibilité de se défendre lors de leur altercation au Sheraton. Mais, maintenant qu'elle s'était vigoureusement exprimée, elle écouterait sagement ses explications.

Par souci de confort et peut-être pour d'autres raisons, elle se débarrassa de la peu séduisante chemise de Mark qui la gênait.

Il réapparut avec un plateau garni de deux tasses fumantes et d'un nouveau bol de soupe.

Réconforté par les nouvelles résolutions qu'il lisait dans les prunelles de la jeune femme, il déposa sa charge en souriant.

— Je ne veux plus me battre, rassure-toi, murmura-t-elle en lui rendant tant bien que mal son sourire.

— Je ne me souviens pas que nous nous soyons jamais battus. Tout au plus un peu chamaillés.

Il s'assit à côté d'elle et lui tendit son potage.

— Hum ! Qu'est-ce que c'est ? demanda-t-elle en humant la boisson chaude qu'il avait préparée.

— Du lait de poule. Je me suis dit qu'un petit fortifiant ne nous ferait pas de mal.

Quand elle eut terminé son souper improvisé, il étendit la main sur le plateau, paume ouverte vers le haut, comme pour l'inviter à y loger la sienne. Elle ne se fit pas prier, et la tendre pression de ses doigts lui procura un délicieux frisson qui se propagea dans son corps tout entier.

— Comment une telle chose a-t-elle pu nous arriver ? murmura-t-elle avec un profond soupir.

— Nous nous sommes rencontrés à un âge où la vie a déjà profondément marqué nos personnalités. C'est cette différence qui nous oppose mais qui fait en même temps la richesse de notre couple.

— Es-tu bien résolu à devenir directeur de Sainte-Anne ?

— Pas si tu en décides autrement.

Elle comprit à l'éclat tendre de ses yeux bruns qu'il était sincère.

— Je ne veux pas te l'interdire. Tu dois rester seul maître de tes décisions. Comment pourrais-tu continuer à m'aimer si je t'empêchais d'agir à ta guise, si je te retirais ma confiance ?

— Je ne veux pas non plus m'exposer à tes foudres.

— Pourtant, tu as envie de ce poste ?

— C'est vrai mais, pour moi, seul notre mariage compte.

— Foudres est un bien grand mot, reprit-elle avec calme. Disons que l'idée ne m'enchante pas et que j'ai essayé de te le faire comprendre à ma manière.

Ils rirent tous deux, ce qui acheva de détendre l'atmosphère.

— Mais je suppose que je finirai bien par m'y habituer. Peut-être, après tout, ta nouvelle fonction te permettra-t-elle d'assouvir cette soif d'autorité que tu as la fâcheuse tendance d'exercer à mes dépens.

— Tu ne t'imagines tout de même pas que je vais te laisser m'échapper aussi facilement ? grommela-t-il en rangeant le plateau sur la table de nuit.

— Mais tu ne m'as pas encore attrapée, que je sache.

Elle poussa un cri en essayant de retenir la couverture qu'il tirait d'un geste sec.

— C'est ce que nous allons voir !

Comme il l'emprisonnait dans ses bras, la jeune femme se débattit en riant. Mais bientôt ses protestations se firent plus faibles et elle accepta son étreinte en l'enlaçant à son tour.

— Oh ! Emma, quel sort m'as-tu donc jeté ? Je ne peux me passer de ton amour. Il m'est aussi nécessaire que l'air que je respire. Tu es si belle, si désirable !

Il s'était reculé et parcourait du regard ses formes parfaites. L'adoration qu'exprimaient ses prunelles sombres embrasa l'incendie qui couvait déjà en elle.

Elle l'attira contre elle et défit la ceinture de sa robe de chambre pour sentir enfin contre son corps nu le contact de sa peau brûlante. Mark poussa un grognement de plaisir et enfouit le visage dans sa chevelure soyeuse. Alors elle glissa les mains sous le fin tissu et parcourut ce dos noueux qui frémissait de plaisir sous ses doigts. Jamais elle n'avait éprouvé désir plus impétueux. Elle voulait s'unir à lui sur-le-champ, nier par cet acte d'amour la menace intolérable qui avait pesé sur leur couple.

Comme s'il devinait ses pensées, il s'empara de sa bouche en un baiser ardent et elle sentit cet éclair de bonheur fulgurant qui annonçait la fusion de leurs deux corps. Elle se cambra contre lui, enfonça ses ongles dans ses épaules, tenta vainement de différer ce déferlement de plaisir qui ne tarda pas à les emporter tous deux dans un océan de joie.

Ils roulèrent sur le côté, le cœur battant, le souffle court.

— Serre-moi fort, murmura-t-elle, haletante, comme si elle voulait à tout prix retenir cet instant magique de bonheur absolu.

Il obéit amoureusement.

— Je t'aime, monsieur le directeur.

Elle se laissa ensuite mollement dériver au gré de sensations délicieuses qui se transformèrent progressivement en rêves et elle sombra bientôt dans un profond sommeil.

Lorsqu'elle se réveilla, quelques heures plus tard, il faisait nuit autour d'elle et elle mourait de soif. Elle se décida à regret à abandonner la douce tiédeur des draps. Mark était étendu sur le ventre, un bras autour de sa taille. Il dormait profondément, mais quand elle fit mine de se lever il resserra son étreinte en poussant un petit gémissement de protestation.

— Eh! Lâche-moi!

— Où vas-tu? marmonna-t-il.

— A la cuisine. Je vais boire un verre d'eau si tu n'y vois pas d'inconvénient.

— Bon, mais dépêche-toi, je me sens seul.

Emma fut de retour la minute d'après. Elle traversa la pièce à tâtons et vint se réfugier frileusement contre lui. Brusquement les bras de Mark se refermèrent sur elle.

— Oh! s'écria-t-elle en pouffant. Tu es censé dormir à poings fermés.

— Mais il y a certaines choses que je peux faire dans mon sommeil.

— Tu es vraiment insatiable!

— Comment pourrait-on se rassasier de toi?

La jeune femme salua cette remarque d'un petit rire qui se mua bientôt en soupirs langoureux. Si leur corps bouillonnait de désir, leur esprit était maintenant en paix et ils se prodiguèrent longuement les preuves tangibles et délicieuses de leur amour mutuel.

— Entrez, Emma. Je vous en prie, asseyez-vous.

Avec cette courtoisie toute bostonienne qui le caractérisait, Charles Graves lui offrit un siège et prit place en face d'elle.

— Désolé de vous avoir laissée dans l'expectative. Je vous avais promis une décision rapide et il s'est bien écoulé trois semaines depuis notre dernière entrevue. Mais, voyez-vous, nous nous sommes heurtés à une certaine opposition.

Le cœur de la jeune femme bondit dans sa poitrine. Entendait-il par là que cette « opposition » avait eu le dernier mot ?

Elle parvint à conserver un visage impassible et dit d'une voix calme :

— Je suppose que mon manque de tact ne vous a pas facilité la tâche.

— Je dois admettre que vos accusations ont entraîné quelques complications. Sans cela vous auriez rapidement obtenu gain de cause. Mais votre petit pavé dans la mare...

Il marqua une pause et un léger sourire s'inscrivit sur ses lèvres.

— ... a remué pas mal de boue. Je présume que vous l'avez jeté intentionnellement.

Il plissa les paupières d'un air inquisiteur.

— Franchement je n'avais pas l'intention de provoquer un tel remue-ménage.

Charles Graves fit un vague geste de dénégation.

— Peu importe. En tout cas, pour ce qui est de votre service vous avez carte blanche — dans les limites du budget qui vous est alloué, bien entendu.

— Bien entendu.

La jeune femme réprima une envie folle de se jeter à son cou.

— Merci, Charles, du fond du cœur.

— Ne me remerciez pas, Emma.

Il s'avança vers elle et lui tapota l'épaule.

— Votre dévouement pour ces enfants a convaincu tout le monde.

— Sauf Jenner, ne put-elle s'empêcher d'ajouter.

— Ne vous en faites pas, il ne vous importunera plus longtemps.

Elle épargna au président une surprise hypocrite.

— Combien de temps encore ?

— Sa démission est sur mon bureau. Mark recevra sa nomination cet après-midi et entrera en fonction à son retour de Londres.

— Eh bien ! Au moins vous ne perdez pas de temps ! déclara-t-elle avec désinvolture.

Cependant, elle sentit les muscles de son estomac se nouer. Mark serait directeur dans moins de six semaines !

— La nouvelle n'a pas l'air de vous enchanter.

— Si, si, au contraire. S'il estime qu'il est de son devoir d'accepter votre offre, je ne vois pas de quel droit j'irais le lui reprocher.

— Bien sûr, bien sûr.

Il réfléchit un instant avant d'ajouter :

— Ecoutez, Emma, je ne voudrais surtout pas que cette nomination jette une ombre sur vos relations.

— Ce ne sera probablement pas toujours facile, avoua-t-elle en riant, mais nous nous en sortirons, n'ayez crainte.

— Vous savez, Mark sera un très bon directeur pour Sainte-Anne.

— J'en suis tout à fait consciente. Cette institution a besoin de quelqu'un de dynamique, mais qui sache rester objectif et diplomate. N'est-ce pas le portrait de Mark ?

— Tout à fait. Et cette description vous convient autant qu'à lui. Malheureusement, vous êtes beaucoup trop indispensable au service de psychiatrie infantile pour que nous puissions vous confier d'autres missions.

Il lui tendit galamment la main pour l'aider à se lever de sa chaise.

— Je suis parfaitement conscient que l'intérêt des enfants vous met dans une situation très délicate vis-à-vis de l'administration. Mais aucun de nous n'a les mains libres. Nous devons tenir compte des gens qui nous financent. Cependant je suis sûr que Mark fera son possible pour vous épargner les habituelles tracasseries.

— Je sais, Charles, mais la bureaucratie a une fâcheuse tendance à étouffer les individus.

— Vous ne vous en sortez pourtant pas trop mal, fit-il remarquer avec un petit rire en se dirigeant vers la porte.

— Il se trouve que mes objectifs coïncident pour l'instant avec ceux de l'administration.

— Je reconnais que vous avez raison, admit-il avec un haussement d'épaules résigné. Mais Mark et vous formez une excellente équipe et vous pouvez compter sur le soutien du conseil d'administration.

Il sourit soudain et entoura l'épaule de la jeune femme d'un bras paternel.

— En fait nous vous nommons tous les deux à la tête de l'hôpital. Votre expérience lui sera d'une aide précieuse. Je suis persuadé qu'il suivra scrupuleusement vos conseils.

— Cela vaudrait mieux pour lui, répliqua-t-elle avec une mimique expressive.

Le bouchon du Moët et Chandon sauta avec un bruit sec au moment même où Mark entrait dans la cuisine.

— Félicitations ! s'écria Sam de sa voix haut perchée.

Mark éclata de rire. Il souleva l'enfant de terre, pressa ses lèvres contre sa joue rebondie et fit claquer un bruyant baiser.

— Merci, merci pour cet accueil.

— C'est une surprise pour toi, déclara le petit garçon en plaçant son index contre sa bouche en cœur.

— Mais je suppose que tu ne l'as pas préparée tout seul.

— Non, maman aussi.

Il désigna du doigt la jeune femme qui contemplait la scène avec un sourire ému.

— Eh bien, ce n'est pas une raison pour priver de champagne cette chère Meg et ce vieux Ted.

Il remplit des coupes en cristal et les tendit aux intéressés.

— Félicitations, Mark.

Puis il se dirigea vers Emma pour lui offrir son verre. Elle se haussa sur la pointe des pieds et l'embrassa tendrement.

— Félicitations, mon chéri.

— Sincères ? murmura-t-il contre ses lèvres.

— Sincères, chuchota-t-elle en retour.

Le temps des réticences était révolu. Mark était son mari, son amant et son meilleur ami. Elle ne pouvait que se réjouir de sa consécration.

7

— Viens un peu par ici, toi, j'ai deux mots à te dire.

Mark attira contre lui la jeune femme tout alanguie de sommeil.

— Que me veux-tu ? demanda-t-elle plaintivement.

— Uniquement du bien, rassure-toi, murmura-t-il.

Elle sentit son souffle chaud lui effleurer les tempes.

Alors elle s'étira comme une chatte sous les couvertures, offrant voluptueusement son corps aux délicieuses caresses dont lui seul avait le secret.

La porte de la chambre s'ouvrit brusquement sur une boule blonde qui escalada le lit et se jeta sur eux avec un cri joyeux.

— Bonzour, c'est samedi !

Emma poussa un gémissement et Mark se redressa tant bien que mal contre l'oreiller.

— Je suis peut-être dur d'oreille mais il ne me semble pas t'avoir entendu frapper.

85

L'enfant se mordit les lèvres et fronça son petit bout de nez.

— Z'ai oublié.

— Eh bien, dans ce cas, Sam Richards, reprenons tout au point de départ.

Mark le souleva à bout de bras et le déposa sans ménagements sur le sol.

L'enfant l'observa un instant d'un air si perplexe qu'Emma eut bien du mal à se retenir de rire. Puis avec une moue boudeuse il sortit de la pièce et referma rageusement la porte.

— Je crois que tu l'as vexé. Je ne l'ai pas habitué à respecter mon intimité.

— Il y a un commencement à tout. Nous ne pouvons tout de même pas nous enfermer à double tour chaque fois que nous voulons échanger quelques confidences. Au fait, où en étions-nous ?

— Je ne pense pas que Sam nous laisse le temps de poursuivre. Dès qu'il aura retrouvé sa bonne humeur, ce qui ne saurait tarder, nous allons le voir revenir en force.

Comme pour lui donner raison, un choc exagérément violent ébranla la porte.

— Bonjour, Sam, s'écrièrent-ils en chœur.

Mark tendit ses bras au bambin renfrogné qui pénétrait dans la pièce en traînant derrière lui son énorme ours en peluche.

— Je parie que tu n'arrives pas à sauter dans mes bras.

Le visage du petit garçon s'éclaira soudain et, après avoir longuement jaugé la distance, il s'élança de toute la vitesse de ses petites jambes pour se précipiter avec un cri strident contre

Mark qui le souleva de terre et le reposa en riant sur le matelas moelleux.

Emma écarta les couvertures. Sam se cala confortablement entre eux, et son pouce, tout fripé d'avoir été trop longtemps sucé, disparut entre ses lèvres roses.

Ils profitèrent de cette journée d'oisiveté pour se laisser paresseusement bercer par le sentiment de douce quiétude que leur procurait cette merveilleuse réunion.

— Je crois que c'est à vous de faire les courses ce week-end, Mark, déclara Meg au cours du petit déjeuner familial qu'ils prenaient autour de la table de la cuisine.

— J'en ai bien peur, grommela-t-il.

La jeune femme lui tendit la liste des commissions avec un sourire contrit.

— Tout ça ? s'exclama-t-il. Mais, ma parole, on dirait que vous vous préparez à soutenir un siège !

— Samedi dernier, Emma n'a pas pu tout prendre.

— Calomnie ! s'exclama l'incriminée en opérant une prudente retraite vers la porte.

— Hé là ! Pas si vite.

Rapide comme l'éclair, la main de Mark vint emprisonner le poignet de la jeune femme qu'il obligea à s'asseoir sur ses genoux.

— J'exige des explications.

Emma soupira.

— Ecoute, le magasin était un vrai capharnaüm. Les gens prenaient un malin plaisir à circuler à contre-courant.

— Mais oui, bien sûr. Je suppose que tu étais la seule à marcher dans le bon sens ?

— Je ne me trompe jamais de sens, rétorqua-t-elle, indignée. Mais ce n'est pas tout. Au moment de payer, les queues étaient si longues qu'on aurait pu faire le tour de la planète en les mettant bout à bout. C'est pourquoi je me suis bornée à acheter l'essentiel afin de passer par une caisse rapide.

— En te disant que de toute façon ta bonne pâte de mari se chargerait de pallier la pénurie en acceptant double corvée la semaine suivante.

— Tu as une façon de présenter les choses !

Il vit à l'éclat joyeux qui brillait dans son regard qu'elle avait du mal à contenir sa gaieté.

— Eh bien ! Ça ne se passera pas comme ça ! Pour ta pénitence tu vas m'accompagner cette semaine.

— Oh non ! Tu sais très bien que nous nous disputons toujours quand nous faisons les courses ensemble. Tu es trop lent.

— Je ne suis pas lent, je suis méthodique. Si on t'écoutait, on jetterait tout pêle-même dans le caddie et on serait soumis la semaine suivante à un régime pour vieillard édenté : purée de tomates, purée de carottes, omelette, hachis de concombres aux radis, le tout arrosé de yoghourt et saupoudré de sucre. Merci bien !

Tout le monde riait maintenant aux éclats.

— D'accord, grommela Emma quand elle eut retrouvé son sérieux, puisqu'il le faut...

— Ze viens avec vous, s'exclama Sam.

— Oh non !

La corvée était déjà assez pénible sans que le petit garçon l'aggrave par son infatigable exubérance. Mais malgré leurs protestations ils savaient bien qu'il aurait gain de cause. Après tout, le week-end ne lui était-il pas réservé ?

— Eh bien, soit ! Organisons une expédition familiale, dit Emma pour couper court aux récriminations de l'enfant.

— Avec une innovation cependant, précisa Mark.

— Laquelle ?

— Cette famille regorge de généraux mais souffre d'une singulière insuffisance de simples soldats. Cette fois-ci il n'y aura qu'un général — moi.

— Quel toupet ! s'écria-t-elle en réfugiant son visage au creux de l'épaule de Mark pour dissimuler son hilarité. Bon, d'accord, mais à une seule condition.

— Pas de conditions, ma décision est irrévocable.

— Si, une seule : les simples soldats auront droit à une gaufre au chocolat comme récompense.

— Nous verrons. Pour l'instant je vais me raser. Rassemblement général à neuf heures précises. Gare à ceux qui ne seront pas prêts ! conclut-il en roulant des yeux féroces à l'adresse de Sam qui éclata de rire.

Emma débarrassa la table et commença à remplir le lave-vaisselle.

— Laisse, je m'en charge, proposa Meg. Si tu n'es pas habillée à temps, il est bien capable de te traîner au magasin en pyjama. Je ne voudrais tout de même pas que tu manges ta gaufre au chocolat dans cette tenue. Tu risquerais d'attraper froid.

Emma contemplait avec satisfaction le reflet que lui renvoyait le grand miroir de l'armoire à glace. Le col officier de sa robe en satin turquoise mettait en valeur l'arc gracieux de son cou fragile. Le fin tissu épousait ses formes parfaites comme une seconde peau.

Elle entendit dans la pièce voisine la voix de Mark qui souhaitait bonne nuit à Sam. Elle se tourna vers la porte pour guetter sa réaction.

— Je me demande si Sam se lassera un jour de cette histoire de Petit Chaperon rouge, déclara-t-il en faisant irruption dans la chambre.

Soudain il s'immobilisa, comme fasciné par ce que découvraient ses yeux.

— Elle te plaît ? demanda la jeune femme en pivotant lentement sur elle-même.

Elle surprit dans le miroir son expression émerveillée.

— Comment oses-tu porter une pareille tenue, petite ensorceleuse ? s'exclama-t-il d'une voix sourde.

— Elle n'a rien d'indécent. Elle me découvre juste un peu le dos.

— Juste un peu ? Quelques centimètres de plus et tout le monde pourrait admirer une partie de ton anatomie dont je tiens à garder l'exclusivité.

— Tu ne vas tout de même pas jouer les maris outragés ?

Il plissa les yeux et elle y découvrit cette lueur familière qui avait le don de la troubler. Un petit picotement lui chatouilla la nuque.

— Non. Je crois même que les idées que me suggère ta tenue vont égayer une soirée qui s'annonçait bien assommante.

Ils étaient invités au repas annuel de l'Association des psychiatres de Boston. Sa récente nomination à la tête de Sainte-Anne valait à Mark d'en être l'invité d'honneur. On lui avait même demandé d'y prononcer un discours.

— J'ai l'impression que je ne vais pas oser lever le nez de mon assiette de tout le dîner, conclut pensivement la jeune femme.

Une heure plus tard ils pénétraient dans l'immense salon du Hyatt Regency. Mark lui enlaça la taille et le contact de cette main sur sa peau nue provoqua aussitôt en elle une onde de chaleur délicieuse.

— Mark, je t'en prie !

— N'ai-je pas le droit de prendre mon épouse par la taille ?

Mais son sourire espiègle démentait ses protestations d'innocence.

Ils furent bientôt happés par la foule des invités qui les séparèrent momentanément. Emma n'avait pas un goût particulier pour les mondanités mais elle se sentait dans son élément parmi ces convives dont la plupart étaient des amis de longue date.

A table elle se retrouva entourée par deux de ses collègues préférés et la discussion alla bon train. Plusieurs fois, elle croisa le regard de Mark et ses joues s'empourprèrent. L'éclat qui brillait dans les prunelles sombres de son époux lui faisait perdre le fil de la conversation. Elle fronça les sourcils pour le rappeler à l'ordre mais il se contenta de lui adresser un petit sourire avant de répondre poliment aux questions de son voisin.

— Mesdames et messieurs, nous avons l'honneur d'accueillir parmi nous ce soir le Dr Mark

Forest qui a accepté de prononcer un discours, proclama le président de l'association pour imposer le silence.

Le nouveau directeur se dirigea d'une démarche décontractée vers le podium. Son smoking admirablement coupé soulignait l'élégance de sa silhouette athlétique. Il remercia le président et s'adressa à l'assemblée. Très vite tous les invités furent sous le charme de son sourire chaleureux, de sa voix au timbre grave. Il parvint même à dérider son auditoire en agrémentant son exposé d'anecdotes improvisées.

— Votre mari est vraiment un excellent orateur, confia à Emma son voisin, Craig Grant.

— Il sait tout faire, chuchota-t-elle, incapable de dissimuler sa fierté.

La fin du discours fut saluée par un tonnerre d'applaudissements. Mark remercia l'assistance et se dirigea vers son épouse.

— Attends que nous soyons rentrés à la maison, lui glissa-t-il au creux de l'oreille.

— Pourquoi ? Quel crime ai-je donc commis ?

— Tu le demandes ! Tu n'as pas cessé de me dévorer du regard. Je ne savais plus ce que je racontais.

— Tu ne t'en es pourtant pas mal tiré.

Elle déposa un léger baiser sur ses lèvres en guise de récompense.

— Viens danser, dit-il en l'aidant à se lever.

— On voit bien que vous êtes des jeunes mariés, railla Craig. Vous vous lasserez vite de danser ensemble.

— Jamais, rétorqua la jeune femme.

Mark la guida sur la piste.

— Jamais, murmura-t-il en la serrant contre lui.

— Mais tu ne suis pas du tout le rythme !

En effet, totalement indifférent aux trépidations d'un rock endiablé, Mark la tenait tendrement enlacée comme s'il se fût agi d'un slow langoureux.

— Je n'arrive pas à comprendre le plaisir que l'on peut éprouver à se trémousser à des kilomètres l'un de l'autre.

— Mais tout le monde nous observe.

— Eh bien, mettons-nous à l'abri de ces regards indiscrets.

Il la prit par la main et l'entraîna vers la sortie.

— Ah ! Mark, je vous cherchais.

Le président de l'association se dirigeait vers eux à grandes enjambées. Il lâcha le poignet de la jeune femme en soupirant.

— M'autorisez-vous à monopoliser votre mari un instant, Emma ? J'aimerais qu'il me donne quelques éclaircissements sur son exposé.

— Mais bien sûr, s'entendit-elle répondre alors qu'en son for intérieur elle pensait exactement le contraire.

Elle allait se retirer à contrecœur quand elle sentit les doigts de Mark se refermer sur son bras.

— Désolé, Peter, mais je dois partir. Nous discuterons demain au téléphone.

Comment pouvait-il négliger ainsi les devoirs que lui imposaient ses nouvelles fonctions ?

— Oh ! Mark, si tu avais vu sa tête, s'exclamat-elle quand ils se retrouvèrent dans le hall de l'hôtel.

— Je n'y ai pas prêté attention. Par contre, je connais son obstination et je ne serais pas le moins du monde étonné s'il me relançait jusqu'à la maison. Peut-être vaudrait-il mieux prendre une chambre ici.

— Je t'en prie, sois sérieux.

— Mais je ne plaisante pas du tout.

L'employé de la réception les inscrivit sans sourciller sur le registre et leur tendit leur clef. Emma ne pouvait dire si ses joues rougissaient d'embarras, de fou rire contenu ou d'impatience.

Ils pénétrèrent dans une vaste pièce semblable à des centaines d'autres chambres d'hôtel. Mark se laissa choir dans un fauteuil en poussant un soupir de soulagement.

— Enfin seuls !

Il attira la jeune femme entre ses genoux, et ses mains enfiévrées parcoururent le fin tissu de sa robe, décrivirent l'arrondi sensuel de ses hanches, s'attardèrent sur la courbe fragile de sa poitrine. Un flot de lave envahit aussitôt les veines d'Emma. Mark accueillit sa réaction avec un sourire victorieux.

— Comme j'aime te caresser, ma chérie. Il suffit que j'effleure ton corps pour te faire frissonner de plaisir.

Elle aurait été bien en peine de soutenir le contraire. Sous la pression des doigts de Mark une nouvelle bouffée de désir se propagea en elle et elle se cambra pour mieux s'offrir à ses caresses.

Mais soudain il interrompit son délicieux manège et la repoussa gentiment.

— Enlève ta robe, ordonna-t-il d'une voix rauque.

Elle entreprit docilement de défaire les minuscules boutons qui formaient l'attache du vêtement et qui, pour décoratifs qu'ils fussent, se révélaient parfois bien incommodes. Bien que la fébrilité la rendît maladroite, Mark ne fit pas un geste pour l'aider. Il se contentait de la contempler.

La dernière pression du col céda enfin sous les doigts impatients de la jeune femme. Elle plaça une main sous sa poitrine pour éviter que le corsage ne glisse davantage. Mark l'invita à poursuivre son déshabillage.

— Pas avant que tu n'aies ôté ta veste.

Il accepta le marché avec un sourire et laissa tomber le vêtement sur le sol à côté du fauteuil.

Alors avec une lenteur insoutenable elle laissa ses seins ronds et fermes émerger de leur prison soyeuse.

— Continue, ma chérie.

— Enlève ta chemise.

A son tour il dut se débattre avec les boutons récalcitrants mais il en vint bientôt à bout.

— A toi de jouer.

Elle retira ses mains et le tissu libre de toute entrave se répandit en vagues légères sur ses pieds nus.

— Lève-toi, murmura-t-elle.

Il lui obéit. Alors Emma prit l'initiative et sa bouche avide parcourut le corps frémissant qui se dressait devant elle dans sa sculpturale nudité.

Mark rejeta la tête en arrière avec un gémissement étouffé. Il plongea ses mains dans les cheveux soyeux de la jeune femme pour encourager ses caresses. Avec une facilité délicieuse elle l'entraîna aux confins de la lucidité et, quand il sentit monter en lui le bouillonnement impétueux du plaisir, il l'obligea à se relever et la serra convulsivement contre sa poitrine moite.

— Non, attends, laisse-moi te prouver ma gratitude.

Ils tombèrent sur le lit étroitement enlacés. Il lui prodigua des caresses d'une volupté infinie. Elle se tordait entre ses bras puissants, le suppliait de conclure ce délicieux supplice. Alors, avec une lenteur calculée, il accéda à sa requête et le tourbillon familier les emporta vers des sommets toujours plus hauts, jusqu'à ce qu'ils libèrent enfin ce déferlement de bonheur indicible qui scelle l'union magique de deux êtres.

— **E**mma, je te préviens que si tu n'es pas prête dans trente secondes j'appelle un taxi.

Mark reposa sa valise pour jeter une nouvelle fois un coup d'œil inquiet à sa montre.

— Voilà, voilà, j'arrive, s'écria la jeune femme en dévalant l'escalier. Impossible de mettre la main sur mes clefs de voiture.

— Nous n'avons qu'à prendre la mienne.

— Bon, d'accord. Mon sac ! Où diable l'ai-je fourré ?

Elle ne pouvait tout de même pas se rendre à l'aéroport sans un sou en poche. Mark leva les yeux au ciel, mais elle ignora son air excédé et s'engouffra dans la cuisine.

— Meg, tu n'aurais pas vu mon sac, par hasard ?

— Là, sur le buffet. Que se passe-t-il ?

— Mark a peur de rater son avion pour Londres alors que nous sommes largement en avance. Mais tu connais...

Les explications de la jeune femme furent interrompues par un coup de klaxon rageur.

— Bon, je me sauve. A tout à l'heure.

Elle se rua hors de la maison, ouvrit fébrilement la portière de la B.M.W. et s'effondra à bout de souffle sur le siège du passager.

Mark n'attendit pas qu'elle eût bouclé sa ceinture de sécurité pour démarrer dans un crissement de pneus.

— C'est bien la dernière fois que je te demande de m'accompagner quelque part.

— Mais nous avons des tonnes de temps !

— Je te signale qu'une tonne est une unité de poids, remarqua-t-il du même ton maussade.

— Epargne-moi tes leçons de vocabulaire.

Un silence s'installa entre les deux époux, jusqu'au moment où le rire franc de Mark dissipa bientôt la tension qui régnait dans le véhicule.

— Dire que c'est la première fois que nous nous séparons et, au lieu d'échanger de tendres adieux, nous sommes là à nous chamailler comme des gosses.

Pour se faire pardonner il lui tapota gentiment la cuisse mais elle se dégagea avec humeur.

— Allons, faisons la paix.

— Ton souci d'exactitude relève vraiment de l'obsession.

— Nous avons tous nos petites manies.

— Tes petites manies vont beaucoup me manquer, rétorqua-t-elle, soudain adoucie, en réprimant une envie irrésistible de se blottir contre lui.

— Tu n'avais qu'à venir avec moi.

— Tu sais très bien que je ne peux pas m'absenter de l'hôpital pendant une période aussi longue, répondit-elle d'un ton las.

Elle ne voulait pas relancer la polémique qui

les avait opposés plus d'une fois ces derniers temps. Mark allait bientôt s'envoler de l'autre côté de l'Atlantique et elle allait réintégrer seule la maison où l'attendait un grand lit vide.

— Comme je viens de le dire, nous avons tous nos petites manies.

Il jeta un coup d'œil dans le rétroviseur avant de doubler un énorme camion.

— Sam est chez son père à New York. Nous aurions pu nous enfuir ensemble loin des soucis domestiques et nous accorder des vacances bien méritées.

— Mais je te rejoins vendredi.

— Tu auras juste le temps de m'entendre soutenir mon mémoire et de présenter ta thèse avant de rentrer. Charmantes vacances en perspective !

— Il faut bien que je veille à ce que mon service soit prêt à accueillir le nouveau patron, répliqua-t-elle pour s'éloigner par ce trait d'humour du terrain mouvant dans lequel ils s'étaient plus d'une fois enlisés. Ton intronisation ne doit-elle pas se dérouler dans quinze jours ?

— Je ne me suis jamais considéré comme un homme violent, ma petite Emma chérie, mais il y a des moments où tu réveilles en moi les instincts les plus sauvages.

— Brute !

Ils éclatèrent tous deux de rire et acceptèrent tacitement d'ajourner des débats beaucoup trop longs pour le peu de temps qu'il leur restait.

Il était huit heures du matin quand Emma sortit enfin de l'aéroport d'Heathrow le vendredi suivant. Une fine bruine tombait sur Londres. Le petit somme qu'elle s'était accordé dans l'avion n'était pas parvenu à compenser les cinq heures de décalage horaire. Mais elle allait bientôt retrouver Mark et cette perspective suffisait à effacer toute trace de fatigue.

Elle n'imaginait pas qu'on puisse souffrir à ce point de l'absence d'un être. Comme son lit lui semblait vide et glacé! Les repas en compagnie de Ted et Meg qui étaient autrefois son lot quotidien lui paraissaient tout à coup étrangement irréels. Même à l'hôpital la proximité rassurante de Mark, son rire communicatif, la tendre caresse de ses yeux bruns lui faisaient cruellement défaut. Elle brûlait de renouer les liens de leur merveilleux mariage, avec ses joies et ses peines, ses douces contraintes et ses moments privilégiés de don mutuel.

Le réceptionniste de l'hôtel Grosvenor l'accueillit avec un sourire chaleureux. Il lui dit que le Dr Forest les avait prévenus de son arrivée et lui tendit la clef avec un message de Mark. Emma déchira l'enveloppe en pénétrant dans l'ascenseur en compagnie du liftier. Mais elle sentit son visage s'empourprer à la lecture de la missive. Ce n'était certainement pas le genre de lettre à ouvrir en public, bien plutôt l'une de celles que l'on conserve précieusement sa vie durant. Il s'agissait d'un poème d'amour d'une tendresse infinie mais sans équivoque.

La chambre était tout imprégnée de la présence de Mark : le lit, dont les draps défaits conservaient l'empreinte de son corps, les vêtements soigneusement accrochés dans la penderie, cette odeur de crème à raser et d'eau de toilette qui le suivait partout.

Un bon bain, des habits propres et quelques tasses de café l'aidèrent à retrouver une grande partie de ses moyens. Elle partit à la recherche de son mari. La réunion se déroulait dans l'hôtel même et elle n'eut que quelques étages à franchir pour atteindre la salle de conférences. Elle se fraya un chemin à travers la foule des participants.

Mark lui tournait le dos. Nonchalamment assis sur un coin de table, il échangeait des propos animés avec un groupe de collègues. Elle contempla en silence sa large carrure qui tendait le fin tissu d'une chemise bleu pâle. Un sentiment de joie indicible l'inonda au souvenir des merveilleux secrets que recelait ce corps et dont elle seule avait la clef.

Comme s'il sentait son regard posé sur lui, il se retourna et un sourire chaleureux illumina son visage. Il se leva et vint à sa rencontre. Emma eut l'impression que la scène se déroulait au ralenti. Ses longues foulées n'en finissaient plus de le porter vers elle. Puis soudain il fut là, la prit par la main, l'entraîna dans le couloir, la plaqua contre le mur et lui souleva délicatement le menton.

— Oh! Mon amour, je ne pensais pas qu'une séparation puisse être aussi douloureuse.

Cette phrase exprimait si bien ce qu'elle ressentait elle-même qu'elle en resta sans voix. Mais il lut dans ses yeux la réponse qu'il attendait. Alors, lentement, il se pencha vers elle et prit voracement possession de sa bouche. Le temps avait suspendu son vol et rien n'existait plus pour eux que la joie d'être de nouveau réunis.

— On t'a transmis mon message ? murmura-t-il contre ses lèvres.

— J'ai même commis l'imprudence de le lire dans l'ascenseur.

Il rit doucement et son souffle chaud lui caressa le visage. Alors elle se pressa contre lui comme pour renouer avec ce corps familier qui lui avait fait si cruellement défaut.

— Tu aurais dû te méfier, chuchota-t-il en dessinant du bout des doigts ses traits délicats.

— Je sais, mais la fatigue du voyage a probablement eu raison de ma vigilance.

Il la contempla pensivement avant de lui confier :

— Je suis invité à un repas après mon exposé. Te sens-tu la force de m'accompagner ?

— Bien sûr. Ta présence est le meilleur des stimulants. Je peux tenir toute la journée et toute la nuit, s'il le faut.

— Ce ne sera pas nécessaire. Après le déjeuner nous nous accorderons une petite sieste.

— Je ne pense pas que nous dormirons beaucoup.

La lueur familière dansa dans les prunelles de Mark et ils restèrent longuement immobiles, comme fascinés par la communion de leurs pensées.

Puis il remua la tête pour chasser ces évocations troublantes et passa une main nerveuse sur son visage.

— Bon sang ! Il ne faut pas que je me laisse distraire de la véritable raison de ma présence ici. Viens, je vais te présenter à Michael Beddington. Il t'a réservé un siège. Plus vite j'en aurai terminé avec cet exposé, plus vite nous pourrons passer aux choses sérieuses.

La jeune femme réprima à grand-peine son envie de rire pour échanger une poignée de main avec le professeur Beddington, un vieil ami de Mark et l'un des psychiatres pour enfants les plus éminents de l'hémisphère occidental.

L'auditoire était calme et attentif. Pour avoir aidé à rédiger le texte, Emma en connaissait le contenu par cœur. Mais la voix chaude et timbrée de l'orateur, son autorité et sa verve surent la captiver comme s'il se fût agi d'un sujet totalement nouveau pour elle.

Le débat animé qui suivit sa conclusion indiqua clairement l'intérêt avec lequel l'assistance avait écouté les propos de Mark. Il dut même faire preuve de fermeté pour éviter que les discussions ne débordent trop l'horaire qui lui était imparti...

Quand la foule se décida enfin à quitter les lieux, il se dirigea vers Emma qui l'accueillit avec un sourire ému.

— Bravo, mon chéri. Tu as été parfait.

Il la remercia d'un baiser.

— Le restaurant où nous sommes invités à déjeuner se trouve à deux pas d'ici mais nous sommes déjà en retard.

— Alors il n'y a pas une minute à perdre si nous ne voulons pas irrémédiablement compromettre ta réputation d'exactitude.

L'atmosphère feutrée et enfumée de la salle ne contribua pas à dissiper la torpeur qui gagnait progressivement la jeune femme. Pourtant la conversation ne manquait pas d'animation et en temps normal elle ne se serait pas fait prier pour y prendre part.

— On dirait que votre charmante épouse ne va pas tarder à s'endormir, Mark, fit remarquer Michael Beddington d'un ton gentiment moqueur.

Emma s'ébroua et releva la tête de l'épaule accueillante où elle était venue se réfugier.

— Pas du tout, protesta-t-elle.

Mark l'aida à se lever.

— Je ne voudrais pas te contredire, mais je pense qu'à tout hasard il serait tout de même préférable que nous nous retirions dans nos appartements.

A peine furent-ils arrivés dans la chambre qu'Emma se laissa tomber sur le lit avec un soupir de soulagement.

Mark la rejoignit en riant et entreprit de lui ôter ses vêtements. Elle se laissa faire docilement, incapable de manifester sa reconnaissance autrement que par des petits gémissements de plaisir. Puis elle sentit des mains puissantes peser sur sa nuque et dissiper habilement la tension de ses muscles. Les doigts se déplacèrent ensuite sur ses épaules et descendirent le long de son dos pour une efficace séance de massage. Puis elle sentit des draps soyeux la recouvrir.

— Fais de doux rêves, ma chérie.

Les lèvres de Mark vinrent doucement effleurer son cou et elle tomba dans un profond sommeil.

Emma se réveilla dans une pièce vide et obscure. Elle resta étendue un instant immobile avant de rouler sur le côté pour allumer la lampe de chevet. Une grande feuille de papier ornait l'oreiller voisin. La jeune femme n'eut aucun mal à reconnaître l'écriture énergique de Mark.

« Serai de retour vers six heures. Ne quitte surtout pas le lit. »

Elle sourit, bâilla à s'en décrocher la mâchoire et repoussa les couvertures. Puis elle enfila une robe de chambre et se rendit dans la salle de bains pour se rafraîchir le visage et brosser ses longs cheveux en attendant le retour de Mark. Le bruit de la clef dans la serrure l'avertit de son arrivée.

— Tu ne sais pas lire ? demanda-t-il d'un ton faussement sévère.

Sans un mot elle ôta son peignoir et suivit la direction de son index impératif qui désignait le lit.

— Voilà qui est mieux, dit-il en se débarrassant de sa veste. Il me semble que nous avions un compte à régler, tous les deux.

Beaucoup plus tard Emma s'étira voluptueusement, se redressa sur un coude et explora du bout des doigts le visage de son compagnon tout alangui de plaisir.

— Quel est le programme, maintenant ?

Il la repoussa gentiment et se cala contre l'oreiller.

— Nous pouvons nous faire servir le dîner ici, le prendre dans la salle de restaurant ou nous offrir une petite virée londonienne, au choix.

— Rien ne nous oblige à sortir.

— Oui, mais c'est notre seule soirée de liberté. Malheureusement les deux jours prochains seront entièrement consacrés au travail.

Elle poussa une exclamation de dépit.

— Nous n'y pouvons rien, ma chérie. J'ai eu

pas mal de loisir cette semaine mais tu n'étais pas là pour en profiter avec moi.

Emma se mordit les lèvres.

— Tu m'en veux encore ?

— Je suppose que oui, sinon je ne remettrais pas la question sur le tapis.

— Il faut que tu essaies de me comprendre.

— J'ai essayé, Emma, et je n'ai pas réussi à trouver une seule raison valable qui t'empêche d'abandonner l'hôpital l'espace d'une semaine.

— Il se passe des tas de choses en ce moment, répliqua-t-elle posément. Nous sommes en train de réorganiser le service pour l'adapter aux nouvelles exigences budgétaires. Il y a beaucoup de nouveaux venus dans l'équipe et je me dois de veiller à ce qu'ils ne tombent pas dans les pièges de l'administration.

— Qu'entends-tu par là ?

— Je n'aurais pas dû m'exprimer ainsi devant notre nouveau directeur. Excuse-moi, je croyais avoir affaire à mon mari.

Mark blêmit sous le sarcasme.

— Epoux ou directeur, j'ai le droit de savoir ce que tu manigances exactement.

— Je ne manigance rien du tout. Tu sais très bien que je suis obligée de temps à autre de contourner le règlement. Il faut bien que j'en informe les nouveaux arrivants.

— Que tu le fasses occasionnellement, je veux bien. Mais tu te rends compte que, si tu transformes ces entorses en principes, tu prends d'énormes risques.

— Je n'ai aucun autre moyen d'atteindre mes objectifs et, si je ne les atteins pas, c'en est fini du service.

— Si on apprend que tu ne te conformes pas aux règles élémentaires de sécurité, tu perdras ta place et je ne pense pas que le service y survivra de toute façon.

— C'est un cercle vicieux. Voilà trois ans que je m'y débats. Tu comprends pourquoi je répugne à m'absenter trop longtemps.

— Je me demande même comment tu fais pour dormir la nuit.

Il bondit du lit et se rendit dans la salle de bains. Emma entendit bientôt le crépitement de l'eau sur l'émail du bac à douche. Elle soupira. Il fallait bien pourtant qu'ils en arrivent là. Elle ne pouvait laisser Mark dans l'ignorance. Si un problème survenait, il risquait d'en subir les conséquences.

— Sais-tu que la commission d'enquête de l'assistance publique nous rend une visite d'inspection au mois de juillet ?

Ce genre de visite était le moment le plus redouté dans la vie d'un hôpital. L'accord de la commission était nécessaire pour l'obtention des fonds publics qui constituaient le financement principal de Sainte-Anne. En cas d'avis défavorable, l'Etat lui retirerait ses subventions et nul professionnel digne de ce nom n'accepterait d'y travailler. Pour l'instant aucune menace ne pesait sur l'établissement mais, si les membres de la commission avaient vent des pratiques en vigueur dans le service de psychiatrie infantile, ils risquaient fort de rendre un verdict négatif. Cependant Emma et son équipe avaient déjà essuyé un de ces contrôles dont ils s'étaient tirés sans dommage. Elle ne voyait pas pourquoi il n'en serait pas de même cette fois-ci.

— Laisse-moi faire et tout se passera bien, déclara-t-elle enfin.

— Jamais de la vie !

Mark émergea de la salle de bains, la tête à moitié dissimulée sous une serviette avec laquelle il se frictionnait rageusement les cheveux.

— Je te serais reconnaissant de relire le guide des procédures dès notre retour. Et je te conseille de t'y conformer en tous points.

Emma fit la grimace. Elle ne savait même pas où elle avait rangé ce satané manuel qui contenait tous les règlements du service de psychiatrie infantile.

— N'est-ce pas ce livre bleu ? demanda-t-elle avec un sourire désarmant.

Mark bondit sur le lit, arracha les couvertures et empoigna la jeune femme par les épaules.

— Non, le rouge, petit monstre.

La jeune femme se débattit en riant.

— Lâche-moi, espèce de sauvage.

Incapable de garder son sérieux plus longtemps, il se laissa tomber contre elle et enfouit son visage dans la blonde chevelure pour donner libre cours à son hilarité. Puis il se redressa sur un coude et l'observa avec un mélange d'étonnement et d'admiration.

— Tu ne vas tout de même pas me dire que tu ne l'as jamais ouvert !

— Je n'irai pas jusque-là. Mais ce n'est pas à proprement parler mon livre de chevet.

— Et tu t'en es toujours tirée ?

— Même lors de la dernière inspection de la commission. Je sais très bien ce que je fais, monsieur le directeur.

— Je l'espère.

Sa voix avait pris maintenant une intonation plus grave.

— Mais tu dois comprendre qu'en tant que directeur je ne peux pas me permettre de naviguer dans le noir.

— Pourquoi crois-tu que je t'en ai parlé ?

— En tout cas voilà qui explique tes réticences à me voir accepter ce poste.

— Et cela explique également mes répugnances à abandonner trop longtemps le mien.

— Très bien, j'accepte tes raisons. Néanmoins, je persiste à dire que tu joues avec le feu. Il faut absolument trouver un moyen de sortir de cette impasse.

— Oui, mais lequel ?

— Je ne peux faire aucune suggestion tant que je ne connais pas toute l'étendue du désastre. Donc, pour commencer, nous allons éplucher ensemble le guide des procédures. Je te conseille vivement de mettre la main dessus. De quelle couleur est-il ?

— Bleu... non, rouge.

Elle poussa un cri strident tandis qu'il se jetait sur elle avec une lueur meurtrière dans le regard.

9

Mark ne pouvait tout de même pas exiger cette information, se dit la jeune femme en parcourant la note qu'elle venait d'extraire de la pile de courrier en instance qui encombrait son bureau. Il s'agissait d'une requête adressée à tous les chefs de service, les priant — c'est toujours ainsi que Mark rédigeait ses directives — de signaler les séances de thérapie ayant dépassé la durée prescrite lors du mois précédent et d'en spécifier les raisons.

Quand elle avait reçu cette circulaire quelques semaines plus tôt, elle n'y avait prêté qu'une attention distraite et l'avait reléguée aux oubliettes. Mais elle se demandait maintenant si cette désinvolture était bien judicieuse.

Le rapport devait être remis au plus tard le lendemain matin et cette date limite semblait être le principal sujet de conversation de ses collègues, chacun se félicitant d'avoir réussi à respecter le délai imparti. Et elle n'avait même pas commencé à rédiger la première ligne ! De plus, dans le service de psychiatrie infantile les dépassements d'horaire constituaient beaucoup plus la règle que l'exception. Bien sûr ils étaient tous dûment consignés, mais rassembler toutes ces informations en un seul rapport représentait un travail de Romain. De toute façon quel besoin avait-il de ce genre de notifications ? N'était-il pas déjà suffisamment encombré de paperasserie administrative ? Il fallait qu'elle l'appelle.

Emma se saisit du combiné puis se ravisa : amadouer par téléphone le véritable cerbère qui défendait l'accès du bureau de Mark relevait de l'exploit. Il valait mieux qu'elle parlemente de vive voix.

— Puis-je te parler, Emma ?

La jeune femme s'immobilisa.

— Mais bien sûr, Bella, entre. Tu as un problème ?

— Pas vraiment.

L'adolescente se maquillait beaucoup moins ces derniers temps. Ses ongles vernis constituaient le dernier vestige de sa coquetterie outrancière.

— Je t'en prie, assieds-toi.

Emma s'empara nonchalamment d'un siège et fit signe à la jeune fille de l'imiter.

— C'est au sujet de mon traitement, marmonna-t-elle en s'appuyant sur le bras du fauteuil.

— Tu ne veux pas qu'on diminue les doses ?

— Si, je veux bien, mais... que se passera-t-il en cas de rechute ?

Elle lui adressa un regard plein de détresse.

— Si jamais une rechute se produisait, ce qui me paraît tout à fait improbable, je réagirais en moins de temps qu'il ne faut pour le dire. Je pense que tu es complètement guérie. Bien sûr on ne peut jamais jurer de rien, mais je suis prête à en faire le pari, si tu es d'accord, bien entendu.

— Oui, mais quand même je préférerais en parler à Mark.

— Tu as raison, deux avis valent mieux qu'un, déclara Emma en souriant. Vas-y, appelle-le. Poste 244.

Elle lui tendit le téléphone.

— C'est que... je...

— Tu n'oses pas. Bon, écoute, voici ce que nous allons faire : je me préparais à lui rendre visite, je n'ai qu'à lui dire que tu veux le voir.

— Tu crois qu'il viendra ?

— Bien sûr.

Quelles que puissent être ses obligations, jamais Mark n'ignorerait une telle requête.

— D'accord. Merci, Emma.

Le sourire de la jeune fille lui mit du baume au cœur. L'espoir qu'elle avait fait naître dans le regard de Bella justifiait à lui seul tout le mal qu'elle se donnait.

Mary, la secrétaire de Mark, salua son arrivée avec un froncement de sourcil soupçonneux.

— Il est très occupé, docteur Grantham, et il m'a demandé qu'on ne le dérange sous aucun prétexte, dit-elle d'un ton sans réplique.

Emma dirigea son regard vers la lourde porte en chêne du bureau directorial.

— Je ne vois pas de lumière rouge, fit-elle aimablement remarquer.

— C'est certainement un oubli. Je suis navrée, mais il a bien précisé : sous aucun prétexte.

— Ecoutez, Mary, je suis sûre que le Dr Forest fera une exception pour moi, répondit-elle en

112

dissimulant son irritation sous un sourire forcé.

Puis, sans crier gare, elle contourna le bureau et appuya sur le bouton de l'interphone malgré les protestations indignées de la brave femme.

— Oui !

La voix de Mark résonna dans la pièce, forte, autoritaire.

— Le Dr Grantham désire vous voir, docteur Forest. Elle ne sollicite que quelques minutes de votre précieux temps, dit la secrétaire d'un ton mal assuré.

— Eh bien ! Qu'attend-elle pour entrer ? répliqua-t-il, visiblement amusé par cette mise en scène.

Emma fit une petite courbette à l'employée outrée et pénétra dans le bureau.

— Un de ces jours je vais lui dire ma façon de penser, à ton garde du corps.

Mark éclata de rire.

— Je reconnais que l'instinct protecteur de Mary dépasse parfois la mesure, mais je ne peux tout de même pas lui reprocher son zèle.

Il se balançait nonchalamment sur sa chaise, jambes croisées et mains sous la nuque. Un émoi soudain s'empara de la jeune femme.

— Viens un peu ici.

De l'index il lui fit signe d'approcher.

— Toi, tu as une idée derrière la tête.

— Tu ne m'as pas encore dit bonjour. J'ajouterai même que tu étais d'une humeur massacrante ce matin.

De nouveau elle se sentit fondre sous son regard enjôleur.

— A qui la faute ? Tu es devenu un tel bourreau de travail que tu ne daignes même plus

honorer de ta présence nos petits déjeuners fami-
liaux.

— Je sais.

Un adorable sourire s'inscrivit sur ses lèvres.

— J'adore quand tu es en colère. Malgré ta
mine rébarbative tu restes délicieusement désirable.

Comment pouvait-elle espérer discuter de choses sérieuses quand il lui parlait sur ce ton ?

— Alors, vas-tu venir ou dois-je aller te chercher ?

Il avait visiblement conscience de son trouble
et s'en amusait ouvertement.

Elle se dirigea lentement vers lui et se laissa
docilement installer sur ses genoux, pencha la
tête sur son épaule.

— Tu sais parfaitement que ton cerbère ne va
pas tarder à faire irruption sous un prétexte
quelconque pour affirmer son autorité.

Mark appuya sur l'interrupteur qui comman-
dait la lumière rouge au-dessus de la porte.

— Voilà, maintenant personne n'osera venir
nous déranger, pas même Mary. Bien, où en
étions-nous ?

— J'allais te dire bonjour, murmura-t-elle.

— C'est exact.

Des lèvres gourmandes s'emparèrent de la
bouche de la jeune femme et un délicieux frisson
parcourut son corps.

— Bonjour, Emma, chuchota-t-il tendrement.
Hélas, quoi qu'il m'en coûte, je suppose que ce
doux baiser n'est pas la seule raison de ta visite.

— C'est vrai, reconnut-elle avec un soupir.
Seulement il va falloir que nous adoptions une

position plus réglementaire. Ce que j'ai à dire concerne le Dr Forest et le Dr Grantham.

— Hmm ! Je n'aime pas trop ce genre d'entrée en matière.

Il la laissa partir à regret et elle jugea plus prudent de s'abriter derrière le bureau.

— Peux-tu m'expliquer ceci ?

Elle lui tendit la note de service. Il s'en empara et la parcourut avec un froncement de sourcils intrigué.

— Tout m'a l'air assez clair.

— Tu n'espères tout de même pas que je vais te fournir ce rapport.

— Si, pourquoi ? Tu serais bien la seule à ne pas le faire.

— Mais tu sais pertinemment que les dépassements d'horaire sont chez nous une habitude.

— Raison de plus pour que tu m'en informes. Je ne vois pas où est le problème.

— Le problème c'est que je n'ai pas de temps à consacrer à ce genre de futilité.

— Je te laisse la responsabilité de cette affirmation.

Son regard se durcit et la jeune femme comprit que la conversation allait être orageuse.

— Pourquoi en as-tu besoin ? demanda-t-elle d'une voix dont elle maîtrisait mal l'impatience.

— En partie à l'intention de ces messieurs de la commission, mais aussi pour me rendre personnellement compte de l'étendue de cette pratique.

— Afin que tu puisses y mettre le holà, je suppose, maugréa-t-elle en se tournant vers la fenêtre.

— Pas du tout. Le dépassement d'horaire est

115

une infraction à la réglementation ; mais, si la réglementation n'est plus adaptée aux besoins, il faut que je puisse le prouver. Si tu n'y vois pas d'inconvénient, j'aimerais autant que tu me regardes quand je te parle.

— Tu ne parles pas, tu cries.

— Je ne crie pas, mais il y a des moments où ce n'est pas l'envie qui m'en manque. Pourquoi serais-tu exempte d'une corvée que j'impose à tout le monde ?

— Parce que c'est trop de travail. J'ai beaucoup mieux à faire, figure-toi, que d'établir des statistiques. Felix l'avait très bien compris. Même Jenner m'en dispensait. Aucun d'eux n'aurait insisté.

— Eh bien, moi, si, lâcha-t-il froidement en soutenant le regard d'Emma.

Mais aussitôt il se radoucit.

— Ecoute, ma chérie, Felix se montrait avec toi d'une indulgence coupable. Quant à Jenner, il te laissait faire pour mieux te désavouer ensuite. Les statistiques du service de psychiatrie infantile me sont encore plus nécessaires que les statistiques des autres services. Du reste, même si ce n'était pas le cas, que diraient les gens si je te réservais un régime de faveur ? Nous sommes mari et femme et, de ce fait, nous ne pouvons pas nous permettre la moindre complaisance.

— Je savais bien que ça ne marcherait pas, dit-elle en hochant tristement la tête. Au lieu de me faciliter la tâche tu compliques mon travail à plaisir.

— Ne sois pas ridicule ! Je sais que cette corvée est absolument assommante, mais elle ne peut être évitée. D'ailleurs tout le monde l'a reconnu.

116

— Je ne suis pas d'humeur à jouer à « Jacques a dit ».

Comme Mark poussait un profond soupir, Emma prit soudain conscience qu'elle était allée un peu loin.

— Désolée, je n'aurais pas dû dire cela. Mais je ne sais plus où donner de la tête et ce surcroît de travail a fait déborder le vase.

L'arrivée de nouveaux éléments dans son équipe et le vide que laissait le départ de Mark lui causaient tellement de souci qu'elle avait plus d'une fois failli abandonner. Mais elle n'avait pas voulu s'en confier à lui de peur de le distraire de cette nouvelle tâche à laquelle il lui fallait consacrer toute son énergie.

Le regard de Mark se fit tendre. Elle s'attendait qu'il se lève et la prenne dans ses bras pour sceller leur réconciliation, comme cela se produisait toujours après une dispute, mais il n'en fit rien. Les mains enfoncées dans ses poches, il s'assit sur le rebord de son énorme bureau.

— Peut-être daigneras-tu accepter enfin que quelqu'un te vienne en aide ?

— Qui ?

Elle ne se donna même pas la peine de protester. Il n'y avait pas d'autre choix.

— Craig.

Elle fronça les sourcils.

— Mais il n'est même pas consultant ici.

— Comme je savais bien que tôt ou tard les événements te forceraient à te ranger à mes raisons, je me suis permis de lui en toucher deux mots il y a quinze jours. Il consent à t'accorder vingt heures par semaine. Vous vous entendez très bien, tous les deux. Il ne te mettra pas de bâtons dans les roues et son aide te permettra de gagner un temps précieux.

— Que je devrai consacrer, bien sûr, à la paperasserie.

— Cela fait partie de ton travail, ma chérie. Si tu veux te vouer uniquement à la pratique il faudra que tu ouvres ton propre cabinet.

— J'y songe. Au moins, de cette façon nous ne risquerons plus de nous disputer.

— Tu plaisantes ! Te rends-tu compte de ce que serait ta vie sans le service de psychiatrie infantile ?

— Probablement plus simple qu'elle ne l'est en ce moment.

Au sourire de la jeune femme Mark comprit que cette réplique n'était que l'ultime pointe avant la trêve.

Il sortit les mains de ses poches et lui tendit les bras.

— Viens.

— Je finissais par croire que tu ne te déciderais jamais, murmura-t-elle.

— Je ne pouvais pas faire la paix tant que la question de ton suppléant n'avait pas été réglée. Mais nous avons surmonté l'obstacle.

— Et nous surmonterons tous les autres.

— Car il y en aura bien d'autres.

— Grandeurs et servitudes du mariage.

La jeune femme se dégagea de la tendre étreinte.

— J'espère que tu ne vas tout de même pas exiger que je rédige ce rapport d'ici demain matin. A moins que tu ne tiennes à ce que j'y passe la nuit.

— Je te donne jusqu'à lundi. Nous y travaille-rons ensemble ce week-end.

— Dans ce cas j'ai besoin de ton autorisation pour emporter à la maison les statistiques de l'hôpital.

— Transmets-moi une demande par écrit.

— Espèce de rond-de-cuir !

Elle s'empara en souriant de la note de service, la retourna pour y griffonner furieusement sa requête et la lui tendit. Il la parcourut le plus sérieusement du monde avant d'y apposer sa signature.

— Je la garde pour mes archives, mais je t'en ferai parvenir un double.

— Eh bien, il ne me reste plus qu'à prendre congé de Votre Seigneurie, déclara-t-elle en exé-cutant un simulacre de révérence.

Il se précipita vers elle mais elle parvint à se réfugier derrière le bureau.

— Je vous préviens, monsieur le directeur, que si vous me touchez j'appelle à l'aide.

Il riait tellement qu'elle n'eut aucun mal à lui échapper.

— Une dernière chose, lança-t-il avant qu'elle ne disparaisse. Tâche de mettre la main sur ton guide des procédures. Il est rouge, tu te souviens ?

— Qu'est-ce qui te fait croire que je l'ai égaré ?

— Petite Emma chérie, je te préviens que je ne me laisserai pas amadouer aussi facilement que mes prédécesseurs. Trouve-le, d'accord ?

— Bien, chef, tout de suite, chef.

Elle lui adressa un salut militaire et s'éclipsa. Presque aussitôt, son visage réapparut par l'en-trebâillement de la porte.

— Puis-je me permettre de t'importuner

encore une minute ? dit-elle à voix basse en roulant des yeux apeurés en direction de la secrétaire qui la foudroyait du regard.

Au lieu de s'indigner, Mark fut pris d'un irrésistible fou rire et lui enjoignit par gestes d'entrer et de refermer la porte.

— Que me veux-tu encore, espèce de petit monstre ?

— Bella aimerait avoir ton avis sur la diminution de son traitement.

— Ne souhaite-t-elle pas plutôt me donner le sien sur la couleur de ma cravate ?

— Non, pas cette fois. Elle a vraiment besoin de ton aide.

— Très bien, je m'arrangerai pour faire un saut dans l'après-midi.

Elle acquiesça, satisfaite, et quitta la pièce.

— Y a-t-il quelqu'un dans cette maison ?

La voix claironnante de Mark tira Emma de la lecture de son dossier.

— Je suis dans la chambre.

Quand il pénétra dans la pièce, il aperçut Sam face au mur, dans une posture rigide, et il comprit aussitôt que le petit garçon était puni.

— De combien a-t-il écopé cette fois ? chuchota-t-il.

La jeune femme leva quatre doigts puis regarda sa montre avant de confier sur le même ton :

— Il a déjà purgé trois minutes, il lui en reste une.

Il fallait que l'enfant ait été bien turbulent pour mériter un tel châtiment.

— A-t-on reçu du courrier ? demanda-t-il à

haute voix comme s'il n'avait pas remarqué la présence de Sam.

— Seulement des factures. Je croyais que tu devais régler la note du dentiste.

— Je pensais que tu t'en étais chargée.

— A en juger par cette lettre aucun de nous ne l'a fait.

— Bon, je m'en occupe.

Emma consulta sa montre puis déclara :

— Très bien, Sam, ta pénitence est terminée.

Le petit garçon se retourna. Ses grands yeux du même bleu-violet que ceux de sa mère brillaient d'un éclat humide et une lippe tremblante déformait sa bouche.

— Bonjour, Sam, s'exclama Mark en feignant la surprise.

— Bonzour.

— Tu ne m'embrasses pas ?

Il se courba en deux vers l'enfant qui se précipita aussitôt dans ses bras.

— Allez, raconte-moi tes malheurs.

Sam marmonna des paroles indistinctes mais les mots « toit du porche » suffirent pour renseigner Mark sur le délit dont il s'était rendu coupable.

— Combien de fois faudra-t-il te répéter qu'on ne doit pas s'aventurer sur ce toit ? C'est très dangereux.

— Z'ai oublié.

— Eh bien, nous allons faire en sorte qu'un tel oubli ne se reproduise pas. Va chercher du ruban et des punaises à la cuisine.

— De quelle couleur, le ruban ?

— Je te laisse le choix.

— Mais quel plaisir peut-il éprouver à aller se

percher là-haut ? s'exclama Emma quand il fut parti. Il sait pourtant que je ne le supporte pas.

— Je suppose que c'est ce qui fait le piment de la chose.

Sam réapparut avec les accessoires requis.

— Très bien. Maintenant viens avec moi.

Mark le prit par la main et ils quittèrent la pièce, suivis d'une Emma fort intriguée.

Ils se rendirent tous trois dans la chambre de l'enfant qui comportait une fenêtre à guillotine donnant sur le toit du porche. Mark la referma avec soin.

— Regarde, à l'aide des punaises nous allons fixer le ruban à cheval entre le montant de la fenêtre et le mur. Tu veux t'en charger ?

Sam acquiesça et se consacra avec enthousiasme à ce qu'il considérait visiblement comme un jeu. Une fois qu'il eut terminé il contempla pensivement son œuvre et se tourna vers Mark pour demander :

— Pourquoi ?

— De cette façon la prochaine fois que tu voudras jouer les acrobates, cette petite installation te rappellera que c'est interdit.

Il y eut un court silence. Puis Mark s'assit sur ses talons et prit les mains de l'enfant dans les siennes.

— Si malgré tout tu braves cette interdiction, la punition sera beaucoup plus sévère que quelques minutes au piquet. Nous sommes bien d'accord ?

Le petit garçon se mordit les lèvres.

— Voui.

Puis sans transition il se précipita vers son

coffre à jouets et la pièce fut bientôt jonchée des éléments multicolores d'un Lego.

— Ze vais faire un avion. Tu m'aides ?

— Pour l'instant j'ai besoin d'un bon rafraîchissement mais je te promets que je viendrai te donner un coup de main tout à l'heure.

— Très ingénieux, déclara Emma tandis qu'ils pénétraient dans le salon. Mais ne serait-il pas plus simple de mettre un cadenas à la fenêtre ?

— Bien sûr, mais nous lui donnerions simplement la preuve que nous avons les moyens d'imposer notre autorité. Ce n'est pas le but recherché.

— Non, reconnut-elle. Nous voulons lui inculquer l'autodiscipline, le sens des responsabilités, l'esprit d'initiative — exact ?

— Exact, répondit-il en riant.

Il lui tendit un verre et retrouva son sérieux.

— A propos d'autodiscipline, as-tu déniché ce fameux guide des procédures ?

— Je n'ai pas eu le temps de m'en occuper.

Mark soupira.

— Je ne veux pas avoir l'air de te harceler, mais il faut absolument que je sache exactement ce qui se passe dans le service de psychiatrie infantile. Je ne peux pas t'aider si tu ne m'en donnes pas les moyens.

— M'aider à me conformer au règlement ?

— T'aider à l'interpréter sans prendre trop de risques. Ne penses-tu pas que ta tâche en serait grandement facilitée ?

— J'avoue que je ne voyais pas les choses sous cet angle.

Elle se laissa tomber sur le canapé et but une longue rasade d'apéritif.

— Pour tout te dire je pensais que tu cherchais seulement à me rendre la vie impossible.

— Je trouve que tu tires beaucoup de conclusions hâtives ces derniers temps. Parfois j'ai l'impression que tu me considères comme un ennemi.

— Non, rassure-toi, mon chéri. Mais que veux-tu, je ne peux pas m'empêcher de faire la distinction entre mon tendre époux et mon directeur. Après tout tu n'occupes ce poste que depuis quelques semaines. Je suis sûre que je finirai par m'y habituer avec le temps.

Cependant elle était loin d'éprouver la conviction qu'elle affichait.

— Alors commence par m'accorder ta confiance.

— Mais je te fais confiance, protesta-t-elle, indignée.

— Bien sûr, en tant que mari. Mais dans le travail nous n'avons plus la même complicité qu'autrefois.

Un pesant silence suivit cette constatation.

— Je te rappelle que cette complicité s'exerçait aux dépens de Jenner, répliqua-t-elle enfin d'une voix calme. Maintenant tu as pris sa place.

— Très bien, si c'est ainsi que tu me considères, je vais tâcher de me montrer à la hauteur de ma réputation, déclara-t-il d'un ton sec.

— Qu'entends-tu par là ?

— En clair, si ce manuel n'est pas sur mon bureau demain à cinq heures, je te fournirai de bonnes raisons de me redouter.

— Il faut que j'aille m'occuper de mon courrier.

Emma quitta la pièce et s'installa sombrement

devant la pile de correspondance. Ce genre de disputes devenait vraiment trop fréquent ces derniers temps. Elle ne parvenait pas à savoir à qui en incombait la faute. La plupart du temps Mark se comportait comme si rien n'avait changé entre eux, mais il devait bien par moments jouer son rôle de directeur. Il en résultait une confusion qui ne trouvait d'exutoire que dans ces chamailleries stériles.

Ce soir-là Emma resta allongée sur le dos à scruter l'obscurité. Jamais le lit ne lui avait paru si grand. Cette guerre froide étant intolérable, elle se décida enfin à faire le premier geste. Elle glissa une main timide sur la surface lisse du drap et rencontra enfin le corps de Mark. Il ne se rapprocha pas d'elle mais ne la repoussa pas non plus. Alors elle s'enhardit et accrut la pression de ses doigts.

— On s'attendrait à plus de bon sens de la part de deux psychiatres, constata-t-il avec désinvolture.

— Que veux-tu, nous ne sommes que de faibles humains.

— Il y a des moments où je trouve la condition humaine bien pesante.

— Mais à d'autres moments elle a ses avantages, murmura-t-elle en venant se réfugier contre lui.

— Emma, tu es la femme la plus déroutante, la plus exaspérante, la plus insupportable que j'aie jamais connue, déclara-t-il en l'enlaçant tendrement.

— Par chance j'ai rencontré mon équivalent masculin et je l'ai épousé.

— Personne d'autre n'aurait voulu de toi.

— Mais je n'en voulais pas d'autre.

Il rit doucement et elle sentit sa langue tracer des sillons brûlants sur sa nuque, son cou, le galbe palpitant de sa gorge.

— Mark, murmura-t-elle d'une voix vibrante.

— Qu'y a-t-il, mon amour ?

Il se souleva sur un coude mais poursuivit de sa main libre son manège enivrant. Elle secoua la tête, incapable de proférer le moindre son.

— Que veux-tu ? Dis-le-moi, ma chérie.

— Toi, murmura-t-elle dans un souffle.

Alors, sans plus discuter, il s'empara de sa bouche, plaqua son grand corps contre les douces rondeurs de sa jeune épouse pour s'unir enfin à elle dans une explosion de joie annonciatrice d'un bonheur encore plus intense, encore plus insoutenable, auquel ils accédèrent ensemble et qui leur arracha un long râle de délicieuse agonie.

10

Emma était tranquillement installée dans le petit bureau qui jouxtait le réfectoire quand un horrible pressentiment lui fit soudain dresser les cheveux sur la tête. Un silence insolite avait brusquement succédé au brouhaha qui accompagnait ordinairement le déjeuner des pensionnaires. Elle se leva et se dirigea, le cœur battant, vers la porte. Le spectacle qu'elle découvrit la figea littéralement sur place : au milieu d'un cercle d'enfants deux adolescents se faisaient face, à demi recroquevillés sur eux-mêmes, prêts à bondir. L'éclair menaçant d'une lame de couteau brillait dans la main de chacun d'eux.

De la pièce voisine lui parvenaient des bribes de conversation entre Delia et plusieurs animateurs. Nul ne se doutait du drame qui se tramait devant ses yeux et elle n'avait pas le temps d'appeler à l'aide. Alors, d'un pas ferme, elle franchit le cordon de badauds fascinés et s'interposa entre José et Mario.

— Arrêtez !

Elle étendit les bras pour maintenir les deux

adversaires à distance mais le cri arriva trop tard et une douleur fulgurante lui transperça le poignet. Les deux couteaux tombèrent sur le sol avec un bruit mat.

— Tu vas bien, Emma ? demandèrent des voix bredouillantes.

— Mais il n'y a donc personne dans cette maison ! s'exclama-t-elle au bord de l'exaspération.

Immédiatement la salle s'emplit d'un essaim affolé d'adultes en blouse blanche.

— Phil, lança-t-elle en se tournant vers le plus jeune de ses collaborateurs, enferme-moi ces deux-là dans une pièce. Assure-toi qu'ils n'ont plus aucune arme sur eux. Quant à vous, poursuivit-elle avec sévérité à l'adresse des deux coupables honteux, je vous conseille de vous expliquer une bonne fois pour toutes, mais si jamais vous en venez encore aux mains vous aurez affaire à moi, je vous le garantis.

Le sang gouttait de sa blessure et tombait en étoiles sur le sol.

— Il faut absolument soigner cette coupure, déclara Delia en la prenant par le bras.

Emma se dégagea avec impatience.

— Va me chercher de quoi faire un pansement. Pour l'instant j'ai encore des comptes à régler.

L'infirmière disparut dans la salle de garde et revint bientôt avec des bandelettes et du coton.

Emma refusa de s'asseoir pendant que Delia lui bandait le poignet, puis elle s'adressa aux enfants.

— Il me semble que j'ai droit à quelques explications. Comment José et Mario en sont-ils arrivés là et pourquoi ne m'a-t-on pas prévenue ?

Il n'y eut d'abord aucune réaction puis, progressivement, le groupe émergea de sa stupeur et chacun se mit à donner sa version des faits.

Il en ressortait que le différend entre les familles ennemies s'était aggravé. Lors de la dernière sortie des deux cousins une rixe avait éclaté, mais la police y avait mis bon ordre. Depuis José et Mario n'attendaient qu'une occasion pour relancer les hostilités.

Mark fit son entrée au milieu des explications confuses qu'Emma tentait de mettre bout à bout. Il resta un instant sur le pas de la porte comme pour évaluer la gravité de la situation puis se décida à intervenir.

— Il faut qu'on s'occupe du poignet d'Emma. Phil et Joyce, je vous confie le groupe.

— Mais je n'en ai pas terminé, s'exclama la jeune femme tandis qu'il la prenait gentiment par le bras.

— Je crois au contraire que tu en as assez fait pour aujourd'hui.

Il l'entraîna fermement dans la salle des infirmières.

— Qui est de garde ? demanda-t-il à Delia en ôtant le pansement de fortune qui était déjà tout imbibé de sang.

— Jim Lester. Je l'ai fait prévenir, répondit-elle. En attendant qu'il arrive je prépare du thé bien fort. Les vieux remèdes sont souvent les meilleurs.

— Mettez-y beaucoup de sucre.

Il examina attentivement la plaie.

— Il va falloir au moins six points de suture.

129

— Pas question ! Un simple bandage fera l'affaire. Quant au thé je le prends sans sucre.

Au même instant, une violente nausée coupa court à ses protestations.

— Je crois que je vais me trouver mal.

Mark l'aida à s'étendre sur un petit canapé puis il lui appliqua des compresses froides sur le front. Quand la jeune femme eut retrouvé un peu de couleur, il approcha une tasse de ses lèvres et l'aida à boire. Le réconfortant breuvage produisit rapidement son effet.

— Demandez un calmant à la pharmacie, Delia, lança-t-il par-dessus son épaule.

— Ce n'est pas la peine, je me sens déjà mieux. Et puis j'ai horreur des sédatifs.

— Si j'avais besoin de ton avis, ma chérie, je te le demanderais.

Delia décrocha le téléphone en réprimant un sourire.

— Il paraît que quelqu'un réclame mes bons offices.

La voix joviale de l'interne ne fit qu'accroître le désespoir d'Emma. Elle aurait pu se faire soigner dans un autre hôpital, évitant ainsi que l'incident ne s'ébruite. Mais maintenant il était trop tard pour étouffer l'affaire et ni Mark ni elle ne seraient épargnés par ses retombées.

Après concertation, les deux médecins prirent place auprès de la jeune femme.

— Il va te falloir du courage, lui confia Mark en pressant tendrement sa main. Essaie de me raconter ce qui s'est passé, ça t'aidera à oublier la douleur.

Avec un soupir résigné elle entreprit de lui faire le récit des événements, qu'il écouta sans l'interrompre. Puis, quand elle eut terminé, il demanda gentiment :

— N'y avait-il donc personne pour surveiller le réfectoire ?

— Tu sais très bien que nous n'appliquons jamais une surveillance stricte. Les enfants peuvent aller et venir à leur guise.

— Oui, mais cela n'explique pas pourquoi tu n'as pas appelé à l'aide.

— Je n'en ai pas eu le temps. Si j'avais hésité une seule seconde, Dieu sait comment la bataille aurait tourné.

Un léger sourire se dessina sur les lèvres de Mark.

— Ta bravoure frise l'inconscience, ma chérie. En tout cas le personnel de sécurité va avoir de mes nouvelles. Comment diable ont-ils pu laisser introduire ces couteaux dans l'hôpital ?

La jeune femme se mordit les lèvres.

— Ils n'y sont pour rien. Voilà deux ans que nous effectuons nos propres contrôles.

— Quoi ?

— Le système de fouille est trop humiliant pour les enfants, précisa-t-elle calmement. Nous préférons leur faire confiance afin de développer leur sens des responsabilités. Mais tu devrais approuver cette méthode puisque tu es le premier à l'appliquer avec Sam.

Mark ne répondit pas. En fait, il paraissait incapable de proférer le moindre son.

— Ecoute, mon chéri, poursuivit-elle, en ce qui concerne la sécurité, le service de psychiatrie infantile a les meilleurs résultats de tout l'hôpital. C'est le premier incident sérieux que nous connaissons alors que dans les autres services, où

131

le règlement est suivi à la lettre, il s'en produit au moins trois par semaine.

— Oui, mais on ne peut pas les blâmer puisqu'ils ne commettent aucune infraction. En refusant de respecter le règlement tu t'interdis tout droit à l'erreur.

— Nous ne connaîtrions pas une telle réussite si nous nous y conformions aveuglément, et tu le sais très bien. Le règlement va à l'encontre des principes mêmes de notre méthode et notre méthode fonctionne !

Delia restait comme pétrifiée à côté de l'évier. Jim Lester se concentrait sur sa tâche mais sa main n'était pas aussi sûre qu'à l'ordinaire. Tous attendaient la riposte de Mark. Mais, avant qu'il n'ait eu le temps de réagir, on frappa à la porte et un jeune homme en blouse blanche pénétra dans le petit local.

— Voilà le calmant, annonça-t-il avec bonne humeur.

Son expression changea bien vite dès qu'il prit conscience de l'atmosphère oppressante qui régnait dans la pièce.

Delia se décida à prendre possession de la boîte et signa le bon de décharge. L'infirmier ne se fit pas prier pour s'éclipser aussitôt.

— Tu as bientôt fini, Jim ? demanda Mark.

Le visage crispé par la douleur, Emma se laissait soigner sans broncher mais il était clair qu'elle ne supporterait plus longtemps son supplice.

— Voilà.

Il coupa le dernier fil avant de déclarer :

— Si vous n'avez plus besoin de mes services

je vais retourner à mes occupations routinières.

Il salua à la ronde et disparut.

Après avoir distribué d'innombrables directives Mark raccompagna Emma à la maison — trajet qui s'effectua dans un silence pesant. La jeune femme n'avait pas grand-chose à ajouter et elle attendait qu'il prenne l'initiative. Elle scruta son visage pour essayer de deviner ses pensées. A sa grande surprise elle constata qu'il paraissait détendu. Seul un pli soucieux au front trahissait ses préoccupations.

En dépit de la profonde lassitude due à l'émotion, à la douleur et à l'effet du calmant, Emma se sentait étrangement sereine. Le moment de vérité tant redouté était enfin arrivé. Elle ne pouvait plus reculer. Si le dénouement de cet ultime combat risquait de lui être fatal, il n'en mettrait pas moins un terme au conflit permanent qui l'opposait à Mark. L'incident donnerait lieu à un rapport qui entraînerait à son tour une enquête. Le conseil d'administration lui demanderait des comptes et elle n'aurait d'autre choix que de contre-attaquer. Si on ne voulait pas renoncer au service de psychiatrie infantile, on serait bien obligé de se ranger à ses raisons. Les prochains jours s'annonçaient particulièrement difficiles, pour elle comme pour Mark, mais en cas de victoire pour elle ils en bénéficieraient tous deux. N'étant plus adversaires ils retrouveraient cette complicité qui leur manquait tant maintenant.

Quand ils arrivèrent à destination, Meg sortait de la maison avec son bébé sur les bras. Elle se dirigea vers eux, le sourire aux lèvres.

— Comment se fait-il que vous ne soyez pas au

travail, tous les deux ? Je m'apprêtais à aller chercher Sam à la maternelle.

Son regard se posa sur le poignet bandé d'Emma et son sourire se figea.

— Que t'est-il arrivé ?

— Plus tard, Meg, répliqua Mark en aidant son épouse à sortir de la voiture. Emma a besoin de repos. D'ailleurs je compte sur vous pour faire en sorte que Sam ne l'importune pas.

— Oui, bien sûr. Comment je vais m'y prendre, c'est une autre paire de manches.

Mark déposa un baiser compatissant sur la joue de la jeune femme.

— Je fais confiance à votre imagination.

— Très bien.

Elle adressa un regard intrigué à Emma qui essaya de la rassurer d'un sourire tremblant. Les jambes en coton, elle dut s'agripper à Mark pour ne pas tomber. Alors il la souleva dans ses bras afin de l'aider à franchir le seuil.

— J'ai l'impression d'être une poupée de chiffon, murmura-t-elle avec un petit rire tandis qu'il la déshabillait pour la coucher sur le lit.

— Tu as bien de la chance. En ce qui me concerne je ne trouve même pas de comparaison pour décrire l'état dans lequel je suis.

— Je reconnais que le moment est dur à passer, mais nous nous en sortirons, fais-moi confiance.

Il la contempla pensivement.

— Tu crois vraiment que tu parviendras encore à tirer ton épingle du jeu ?

— J'en suis convaincue. Cette situation devait se présenter tôt ou tard. Bien sûr, les choses auraient été beaucoup plus simples si tu ne t'étais pas trouvé de l'autre côté de la barrière. Malheureusement ni toi ni moi ne pouvons rien y changer.

Elle baissa les paupières, et les lèvres de Mark vinrent se poser sur les siennes.

— Décidément la vie avec toi est riche en surprises. Je ne sais pas encore si celle-ci est bonne ou mauvaise, mais il faudra bien que je m'en accommode, comme toujours. Curieusement je trouve tous ces rebondissements assez palpitants, même s'ils menacent quelque peu mon équilibre nerveux.

Emma n'avait plus la force de répondre.

Il lui semblait qu'elle venait juste de s'endormir quand elle fut tirée de son sommeil par un tintement cristallin tandis que le lit ployait sous le poids d'un corps.

— Le thé est servi.

Elle ouvrit les yeux et découvrit le visage de Mark qui l'observait en souriant.

— Pas de sucre, j'espère, cette fois ?

— Pas un grain.

Comme elle se redressait contre l'oreiller, une douleur cuisante au poignet lui rappela sa blessure. Elle prit la tasse en réprimant une grimace.

— Que bois-tu ? demanda-t-elle en désignant du menton le verre de Mark.

— Du whisky pour me remettre des émotions de l'après-midi.

Emma soupira et porta le breuvage parfumé à ses lèvres.

— Que s'est-il passé ?

— On a ordonné une enquête.

— Toi ?

— Non, Charles.

— Tu lui as parlé ?

— Oui.

— Qu'a-t-il dit ?

— Je n'ose pas te le répéter.

Emma poussa un gémissement.

— Je ne m'en sortirai pas sans son aide.

— Sa première réaction exprimait une vive contrariété, mais elle n'impliquait nullement qu'il te désavoue.

— Quand l'enquête doit-elle avoir lieu ?

— Vendredi prochain. D'ici là il serait préférable que tu prennes du repos, dit-il calmement.

— Dois-je considérer cette suggestion comme un ordre ?

— Comme un sage conseil. Il vaut mieux que tu attendes les conclusions de l'enquête avant d'affronter nos administrateurs. Tu t'es rendue responsable d'une faute professionnelle grave et ils pourraient bien s'en servir contre toi.

— Ils n'en feront rien, répondit-elle avec conviction. Je sais exactement comment je dois riposter. En attaquant ! N'est-ce pas la meilleure défense ? Je vais leur poser un ultimatum. De toute façon je n'ai plus rien à perdre. Non, je ne vais pas me mettre en congé. Ce serait admettre implicitement ma culpabilité alors que je me suis simplement bornée à chercher un succès dont cet hôpital a absolument besoin. Si les administrateurs désapprouvent mes méthodes, ils sont les premiers à se féliciter de mes résultats. Il est temps que cesse cette hypocrisie.

— Je vois que tu as repris du poil de la bête, déclara Mark avec un sourire.

Mine de rien, il déposa un petit livre rouge sur les genoux de la jeune femme.

— Oh! Tu l'as retrouvé! s'exclama-t-elle en identifiant le code des procédures tout corné par des mains sacrilèges.

— Pas moi, les enfants. Figure-toi qu'ils se sont persuadés que tu risquais de perdre ta place s'ils ne mettaient pas la main dessus avant la fin de la journée.

— Tu n'as pas osé leur faire croire une pareille bêtise ?

— Bien sûr que si, petite Emma chérie, et je le pensais presque.

Ils éclatèrent de rire et oublièrent un instant la gravité de la situation.

— Où l'as-tu déniché ? demanda-t-elle.

Confusément elle pressentait qu'elle aurait mieux fait de s'abstenir de poser cette question.

— Sous une tonne de poussière dans le placard de Timmy. Selon lui, tu le lui aurais confié il y a des mois afin qu'il s'en serve comme support pour dessiner au lit.

Les yeux d'Emma s'agrandirent d'horreur. Aucun patient n'était autorisé à prendre connaissance du sacro-saint manuel. Que Timmy Baldwin soit âgé de cinq ans seulement ne minimisait pas sa faute.

— Je me demande comment un homme aussi calme, aussi respectueux de la loi que moi, a pu s'éprendre d'une telle faiseuse d'histoires.

— Est-ce là l'opinion que tu as de moi ?

— Parfaitement. Inutile de me faire les yeux doux, je ne me laisserai pas attendrir.

— Quel dommage !

Elle repoussa les draps en soupirant.

— Puisque tu n'as que faire de ma tendresse, je

vais la prodiguer à mon fils. Je l'entends qui me réclame.

— Tu ne sortiras pas de ce lit avant que je ne t'y ai autorisée.

Il remonta la couverture jusqu'à son cou et se leva.

— J'accorde à Sam un droit de visite d'une demi-heure. Je vous permets de dîner ensemble. Ensuite tu prendras quelques cachets contre la douleur et tu essaieras de dormir. Me suis-je bien fait comprendre, madame mon épouse ?

— Oui, monsieur mon mari, répliqua-t-elle en riant.

Puis son visage se fit soudain plus grave et elle ajouta :

— Nous nous en sortirons, Mark.

— Je préfère. La vie avec toi est palpitante, passionnante, captivante. Mais tu devrais tout de même de temps en temps maîtriser un peu tes pulsions de façon que je puisse avoir l'illusion d'être marié à une femme ordinaire.

— Mais je suis quelqu'un de très ordinaire.

— Tu es un être merveilleux, infiniment doux et tendre, qui peut se transformer sans crier gare en un ouragan dévastateur, répliqua-t-il. Mais je vous aime toutes les deux, docteur Grantham et madame Forest.

— Alors, embrasse-nous toutes les deux.

— Vous pouvez entrer maintenant, dit la secrétaire avec un sourire encourageant en reposant le téléphone.

Emma inspira profondément, redressa le buste pour se donner du courage et pénétra dans la salle du conseil. Il n'y régnait pas du tout la même ambiance que lors de sa dernière visite. A une extrémité de la grande table ovale une chaise vide attendait l'accusée.

— Bonjour, docteur Grantham, dit Charles Graves d'un ton très protocolaire. Asseyez-vous, je vous prie.

— Merci.

Elle s'empara du siège et parcourut d'un rapide coup d'œil le cercle de visages qui l'observaient gravement. Elle ne put s'empêcher de poser son regard sur Mark. Ses traits tendus démentaient son apparente nonchalance. Il souffrait le martyre et elle se maudissait de lui imposer cette épreuve. Il fallait absolument qu'elle gagne la partie pour lui, pour les enfants. Bien sûr elle ne se tirerait pas indemne de cette confrontation. Elle s'était rendue coupable d'un grave manquement à ses devoirs et les administrateurs ne pouvaient pas lui donner leur absolution. Mais, si elle parvenait à faire valoir ses arguments et à faire accepter ses nouvelles propositions, elle marquerait un point décisif.

— Nous enquêtons sur les incidents qui se sont déroulés vendredi dernier dans le service de psychiatrie infantile, déclara Charles Graves en guise d'entrée en matière.

Emma opina mais ne dit mot. Elle ne se lancerait pas dans des explications avant de savoir exactement ce qu'ils attendaient d'elle.

— Nous avons tous lu votre rapport, poursuivit-il quand il comprit qu'elle n'avait pas l'intention de prendre l'initiative, et nous vous félicitons pour votre courage et votre présence d'esprit.

Elle le remercia d'un nouveau hochement de tête.

— Cependant nous nous étonnons que les deux adolescents incriminés n'aient pas été fouillés par notre service de sécurité. Est-il exact, docteur Grantham, que depuis plus de deux ans vous avez jugé bon de vous substituer à nos vigiles et que vous faites preuve d'un certain laxisme en matière de contrôle ?

— C'est exact.

Il y eut un court silence et une lueur amusée dansa dans le regard du président.

— Nous avons peut-être droit à des éclaircissements.

La jeune femme sortit un dossier de sa serviette et l'ouvrit devant elle.

— Je pense qu'il serait plus simple que vous preniez connaissance de ces documents. Il s'agit de rapports d'incidents établis il y a deux ans et demi. Ils décrivent les humiliations subies par trois de nos pensionnaires lors d'un contrôle de sécurité. Je les ai fait parvenir au directeur de l'époque qui n'a pas jugé utile d'y donner suite. Je suis sûre que vous les trouverez suffisamment éloquents.

Elle se tut pendant que l'assistance parcourait le texte. Quand il eut terminé sa lecture, Charles Graves releva la tête.

— Vous dites qu'il n'y a eu aucune réaction de la part des autorités ?

— Officiellement aucune. Cependant je leur ai fait savoir que j'allais prendre des mesures pour qu'une telle chose ne se reproduise pas. On ne m'a pas demandé de décrire ces mesures.

— Je reconnais que techniquement une telle omission équivaut à une approbation tacite.

Emma baissa les paupières pour dissimuler la satisfaction que lui procurait la remarque bienveillante du directeur.

— Il semble tout de même extraordinaire que les responsables de la sécurité ne se soient pas opposés à une telle initiative, lança une voix sur la gauche.

— Vous connaissez comme moi, monsieur Johnson, la complexité de nos structures. Les équipes de surveillance opèrent de fréquentes rotations et l'information ne circule pas toujours très bien entre elles. De toute façon chacun s'accorde pour reconnaître que le fonctionnement du service de psychiatrie infantile n'est pas un modèle d'orthodoxie. Ceux qui ont remarqué quelque chose l'auront probablement mis sur le compte de nos nombreuses bizarreries.

— Si je vous suis bien, docteur Grantham, vous admettez que vous avez sciemment tiré partie des lacunes, inévitables dans tout système bureaucratique, pour contourner le règlement ?

Charles Graves l'observait, une lueur malicieuse dans le regard.

— On peut effectivement voir les choses sous cet angle.

Au point où elle en était, elle ne risquait rien à jouer cartes sur table.

Il y eut un moment de silence dans la salle. Emma se décida à le rompre.

— Je tiens également à votre disposition des statistiques sur les incidents survenus ces derniers mois dans les autres services. Elles ont trait à l'introduction frauduleuse d'objets illicites.

Vous constaterez que notre méthode s'avère plus efficace puisque l'incident de vendredi dernier constitue la première bavure de notre système.

Elle fit circuler le document à la ronde et attendit le verdict.

— On dirait qu'il va falloir revoir tout notre dispositif de sécurité, Mark, déclara pensivement le président.

Il se tourna vers la jeune femme.

— Ecoutez, Emma, vos arguments sont très convaincants. Mais nous sommes contraints de nous soumettre à la législation en vigueur dans cet Etat, quelles qu'en soient les lacunes.

— J'ai une proposition à vous faire qui, j'en suis sûre, contentera tout le monde. Puisque nous ne pouvons pas nous substituer au personnel de sécurité, je suggère que deux vigiles nous soient assignés en permanence afin que nous puissions les familiariser avec nos principes. Comment espérer gagner la confiance des enfants si nous leur imposons des méthodes policières ? Cette condition est absolument nécessaire à la poursuite de ma mission.

Voilà. Elle venait de poser l'ultimatum, de jeter dans la balance sa place à la tête du service de psychiatrie infantile et l'avenir du service lui-même. Elle adressa à Mark un regard anxieux. Son visage restait impassible. Mais il s'était préparé à ce coup de théâtre. Avant sa comparution elle lui avait donné tous les détails de son système de défense.

— Nous allons vous demander de nous laisser délibérer, déclara posément le président.

Elle se leva aussitôt de son siège. Charles se tourna vers Mark.

— Nous avons tout à fait conscience de ce que ces débats peuvent avoir de pénible pour vous. Nous vous dispensons donc d'y participer.

— Je vous remercie, mais je tiens à rester, même si je n'y prends pas une part active.

— Comme vous voudrez.

Puis il s'adressa de nouveau à la jeune femme :

— Nous n'en aurons pas pour longtemps.

Emma se rendit dans l'antichambre. Elle se sentait étrangement calme. Seule l'épreuve qu'elle imposait à Mark lui causait quelques soucis : il allait devoir assister impuissant à leur délibération. Elle se jura bien qu'elle ne le mettrait plus jamais dans une telle situation.

Tout à coup un éclat de rire retentit derrière la grande porte. Elle adressa à la secrétaire un regard intrigué.

— On dirait que vous êtes hors de danger. Je ne les ai jamais entendus s'esclaffer avant d'envoyer quelqu'un au pilori.

La sonnerie de l'interphone résonna soudain dans la pièce.

— Faites entrer le Dr Grantham, déclara une voix nasillarde.

— Bonne chance, Emma, lança la jeune femme.

— Merci.

Elle pénétra dans la pièce et fut surprise du changement qui s'y était opéré. L'atmosphère tendue du début avait fait place à une ambiance bon enfant. Mark était renversé sur sa chaise, les mains dans les poches. Il lui adressa un clin d'œil complice qui acheva de dissiper son anxiété.

— Vous comprenez bien, docteur Grantham, que votre attitude nous oblige à prendre des mesures, déclara Charles Graves d'un ton sentencieux où perçait une pointe d'ironie. Votre service s'est rendu coupable d'un grave manquement aux règles élémentaires de sécurité et cela, de votre propre aveu, depuis plus de deux ans. Nous ne pouvons tout de même pas ordonner une enquête et en ignorer les conclusions.

— Bien sûr, admit-elle calmement.

— Nous savions que vous ne nous en blâmeriez pas.

Une rumeur amusée parcourut l'assistance.

— Nous vous adressons donc une réprimande purement verbale. C'est le moins que nous puissions faire.

Emma réprima un cri de joie.

— En ce qui concerne votre proposition, poursuivit Charles en tapotant le dossier qu'il avait sous les yeux, je vous suggère de la mettre en application le plus vite possible. Vous avez l'accord unanime du conseil.

Elle avait gagné! Elle ferma les yeux pour juguler le flot de larmes qui menaçait d'inonder ses joues.

— Encore une suggestion, dit Charles Graves pour tempérer son émotion. Si, comme je le soupçonne fort, vous êtes en infraction avec d'autres points du règlement, sachez que toute proposition judicieuse visant à établir un compromis entre ladite législation et votre propre méthode recevra de notre part un accueil des plus favorables. Je suis sûr que notre directeur se fera un plaisir de vous prêter main-forte.

Emma acquiesça en adressant un coup d'œil à Mark. Voilà plusieurs jours qu'ils épluchaient ensemble le guide des procédures afin de se préparer à une telle éventualité.

— La séance est levée — et je n'en suis pas fâché, ajouta-t-il comme pour lui-même.

— Moi non plus, fit Mark en écho. Jamais matinée ne m'avait paru si longue. Si vous le permettez, je vais offrir au Dr Grantham un déjeuner bien mérité.

— Tu as dû passer un bien mauvais moment, déclara Emma quand ils furent dans l'ascenseur.

— Epouvantable, admit-il. Mais tu t'en es admirablement bien tirée. Je suis fier de toi.

— Ce genre de situation ne se présentera plus jamais, je te le promets.

— J'ai du mal à te croire, petite Emma chérie, répliqua-t-il en souriant.

— Non, je t'assure que cette fois-ci j'ai compris la leçon et que je saurai en tirer les conclusions qui s'imposent.

11

— A peu près huit semaines, Emma, affirma Neil Carter en s'installant à son bureau. Pour plus de sécurité je vais te prescrire des analyses, mais à mon avis le résultat ne fait aucun doute. J'imagine que Mark doit être fou de joie.

— Il n'est pas au courant. Je veux être absolument sûre que je suis enceinte avant de le lui annoncer. D'ailleurs je compte sur ta discrétion chez les Rosen, ce soir.

— Je saurai tenir ma langue, promis.

Lors du trajet de retour à Sainte-Anne, Emma flottait dans un nuage de douce béatitude. Le diagnostic de Neil ne faisait que confirmer ce qu'elle soupçonnait fort depuis plus d'un mois. Déjà le jour de la confrontation avec le conseil d'administration elle ne s'était pas sentie dans son assiette. Mais elle avait mis cette réaction sur le compte de l'anxiété. Cependant le lendemain et les jours suivants son état ne s'était pas amélioré.

Comme Mark ne se doutait de rien, elle jubilait

146

littéralement à l'idée de la bonne surprise qu'elle allait lui faire.

Une fois dans son bureau elle prit un bloc-notes et rédigea rapidement une demande de congé de trois mois prenant effet à partir de janvier. Elle plaça la lettre dans une enveloppe et l'adressa au directeur de Sainte-Anne en y apposant la mention « Personnel ». Puis elle la déposa dans une corbeille réservée au courrier interne. S'il ne comprenait pas...

— Comment te sens-tu, Emma ? demanda Delia d'un ton détaché tandis que la jeune femme pénétrait dans la salle de garde.

— Très bien, pourquoi ? répondit-elle entre deux bouchées d'un énorme hamburger plein de ketchup.

— Je te trouve un peu pâle ces derniers temps, et tu n'arrêtes pas de t'empiffrer.

— Comme c'est bizarre !

— Très bizarre, renchérit l'infirmière avec un sourire entendu. A quand l'heureux événement ?

— Fin janvier.

— Oh ! Emma, c'est merveilleux !

Les deux jeunes femmes s'étreignirent cordialement. Puis Emma repoussa l'infirmière et lui confia avec des airs de conspirateur :

— Mais que cela reste entre nous.

— Pourquoi tout ce mystère ?

— Je n'en ai pas encore parlé à Mark et il ne se doute de rien.

— L'intuition n'est décidément pas une qualité masculine.

— Au revoir, mon chéri, à ce soir, déclara Emma en traversant la cuisine le lendemain matin.

Elle déposa un baiser sur le front de son mari. Il leva les yeux du journal qu'il était en train de lire et le sourire qu'il lui adressa raviva aussitôt les merveilleux souvenirs de la nuit précédente.

— Ne rentre pas trop tard, mon amour.

— Comme si c'était dans mes habitudes !

La jeune femme sauta dans la voiture en fredonnant gaiement. Son petit doigt lui disait qu'elle aurait des nouvelles de son époux avant la fin de la journée. La demande de congé l'attendait certainement sur son bureau, et elle n'imaginait pas qu'il puisse patienter jusqu'au soir pour lui faire partager sa joie. Mais la voix qui retentit à l'autre bout du fil au milieu de la matinée la surprit désagréablement.

— Viens immédiatement, Emma !

Il avait l'air furieux et elle en éprouva une vive émotion.

— Que se passe-t-il, mon chéri ?

— Tu oses le demander ? Je te préviens que si tu n'es pas ici dans deux minutes, je descends te chercher.

Sur ces mots il raccrocha rageusement.

Quand elle arriva devant la porte directoriale la lumière rouge en interdisait l'accès, mais pour une fois Mary ne fit pas d'obstruction.

— Vous pouvez entrer, il vous attend.

Emma pénétra dans la pièce. Mark, qui était tourné vers la fenêtre, fit brusquement volte-face. Ses yeux sombres étincelaient de fureur dans son visage figé par la colère. Il lui mit la demande de congé sous le nez.

— Qu'est-ce que c'est que ça ?

Son cœur se mit à battre plus vite. Elle ne l'avait jamais vu si hors de lui.

— Mais... mais tu le vois bien, balbutia-t-elle.

— Ne me prends pas pour un imbécile, Emma Grantham, rugit-il. Qu'espères-tu, au juste ?

Emma, incapable de répondre, se contentait de le fixer d'un air hébété.

— Tu ne t'imagines tout de même pas que je vais te laisser déserter sans piper mot ? Crois-tu qu'on résout les problèmes en les fuyant lâchement ?

Il l'avait empoignée par les épaules et elle craignit tout à coup qu'il la secouât comme un prunier.

— Qui parle de désertion ?

— Ne joue pas sur les mots, je t'en prie.

Elle se ressaisit.

— Vas-tu enfin me dire ce qui te contrarie à ce point ? s'écria-t-elle.

Cette brusque réaction eut le don de calmer Mark. Il relâcha son étreinte et déclara d'un ton sec :

— Après l'enquête, tu m'as confié que tu prendrais les mesures nécessaires pour éviter qu'une telle situation ne se présente de nouveau. J'étais loin de me douter que ces mesures consistaient en un pur et simple abandon de poste. Mais ne compte pas sur moi pour accepter ta démission !

Enfin la jeune femme y voyait clair. Manifestement Mark n'avait pas lu sa requête jusqu'au bout.

— Si tu avais pris la peine d'accorder à ma demande l'attention requise, tu aurais constaté que le congé que je sollicite ne prend effet que dans sept mois. Si je voulais démissionner, je le ferais sur-le-champ, tu ne crois pas ?

— Mais... mais alors... ?

Il fronça un sourcil intrigué et parcourut de nouveau la lettre.

— Janvier ! Qu'est-ce que cela signifie ?

— Puisqu'il faut tout t'expliquer, c'est ce qu'on appelle un congé de maternité.

De toute évidence Mark n'arrivait pas à y croire.

— Mais comment... ?

— Il n'y a pas trente-six façons.

Il resta insensible à son humour et le sourire d'Emma mourut aussitôt sur ses lèvres.

— Pourquoi ne m'avoir rien dit ?

Il parlait maintenant d'une voix étrangement calme.

— Je voulais te réserver la surprise, dit-elle, penaude. Tu as toujours affirmé que la décision d'avoir un enfant n'incombait qu'à moi, mais je savais que tu en mourais d'envie, ou du moins je le croyais. Me suis-je trompée ?

— Non, bien sûr. Mais j'aurais tout de même préféré en être informé plus tôt.

Elle lui tourna brusquement le dos pour cacher les larmes qui lui brûlaient les paupières.

—Je suis désolée. J'ai commis une erreur. Je pensais qu'il valait mieux que j'attende confirmation pour t'en parler. Je ne cherchais qu'à te faire plaisir.

Elle sentit aussitôt des bras puissants l'enlacer et elle enfouit son visage au creux de l'épaule accueillante de Mark.

— Oh ! Ma douce Emma, tu ne pouvais me faire plus plaisir. Pardonne-moi. J'ai vraiment cru que tu voulais abandonner l'hôpital et la colère m'aveuglait. Regarde-moi, je t'en supplie.

Il lui releva délicatement le menton.

— Ne pleure pas, ma chérie. Comment ai-je pu être assez stupide pour douter de toi, assez mufle pour te faire de la peine ?

Il s'assit sur le canapé et l'installa sur ses genoux.

— Les femmes enceintes ont la larme facile, marmonna-t-elle en reniflant tandis qu'il essuyait ses yeux avec un mouchoir.

— As-tu vu Neil ?

— Hier. Il est formel.

Mark déboutonna délicatement le chemisier de la jeune femme et glissa une main sur sa peau tiède.

— Tu ne pouvais pas me faire cadeau plus merveilleux, ma chérie.

— Comment as-tu pu penser une seconde que j'avais l'intention d'abandonner le service de psychiatrie infantile ? dit-elle d'un ton plein de reproche.

— Je ne sais pas, je n'ai aucune excuse si ce n'est que je t'aime au point d'en perdre parfois la raison.

Il lui sourit et ses yeux n'exprimaient plus maintenant que l'amour total. Leurs bouches s'unirent avec une ardeur passionnée.

— Oh ! Mon Dieu, murmura-t-il en la pressant contre lui, j'ai tellement besoin de toi.

Avec un gémissement étouffé Emma se blottit contre sa poitrine comme si elle voulait se fondre en lui. D'une main fébrile il dénoua la ceinture de sa robe.

— Mark, murmura-t-elle, gênée, que se passera-t-il si Mary entre sans crier gare ?

— J'ai bien peur qu'elle ne nous surprenne dans une attitude fort compromettante.

Elle tenta de protester mais les doigts impatients de Mark eurent bientôt raison de sa faible résistance. Ses autres vêtements vinrent rejoindre sa jupe sur le sol du bureau.

— Je te rappelle qu'une petite lumière rouge interdit l'accès de cette pièce à quiconque n'y a pas été invité, chuchota-t-il pour faire taire les derniers scrupules de la jeune femme.

Comme il se déshabillait, elle l'observa avec un mélange d'impatience et de délicieuse appréhension.

— Et s'il y a le feu ? demanda-t-elle gaiement.

— Nous entendrons crier.

Il enfouit son visage dans ses cheveux. Toutes les sirènes de l'hôpital pouvaient bien hurler, ils n'en auraient pas moins continué à se prodiguer les témoignages de leur désir mutuel tant la passion qui les soudait l'un à l'autre les isolait du monde extérieur.

Mark l'entraînait dans un mouvement qui propageait en elle des ondes de plaisir des plus intenses, de plus en plus insoutenables. C'est alors que l'univers entier sembla se refermer sur eux pour exploser enfin en une myriade d'étincelles de joie.

— Mon amour ! s'écria-t-elle avant de basculer dans le vertigineux abîme du bonheur absolu.

Même si elle avait pu en dire davantage ces deux mots auraient suffi pour exprimer tout ce qu'elle ressentait.

Ils restèrent longtemps étendus, étroitement

enlacés, mêlant leurs souffles tièdes et les battements de leurs cœurs.

Puis Mark se redressa sur un coude et écarta délicatement une mèche moite du visage de la jeune femme.

— La vie avec toi n'est pas toujours facile, mais je dois reconnaître qu'elle est pleine d'imprévu, déclara-t-il avec un sourire ému.

— Et tu n'es pas au bout de tes surprises.

— La dernière en date me comble de joie. Je regrette simplement ne pas lui avoir réservé un accueil plus enthousiaste.

— Tu viens de réparer ta faute de la façon la plus merveilleuse qui soit. Et puis, après tout, pourquoi t'en voudrais-je? Je n'ai jamais été moi-même un modèle de compréhension. Notre relation est une découverte permanente et c'est justement ce qui en fait la richesse. Nous ne sommes pas infaillibles mais il suffit de savoir tirer les enseignements de nos erreurs.

— De ce point de vue-là ces derniers mois m'ont été particulièrement profitables.

— Qu'as-tu appris? demanda-t-elle en se lovant contre lui.

— Que tu es tout pour moi.

Ses bras se refermèrent sur elle et il la serra de toutes ses forces, comme s'il voulait prouver par ce geste la vérité de son attachement.

— Et toi, petite Emma chérie, qu'as-tu appris?

— Que rien ne pourra jamais nous séparer.

Les obstacles dont ils venaient de triompher et cet enfant qui allait naître leur promettaient un bonheur radieux dont ils n'avaient connu encore qu'un merveilleux avant-goût.

Ce livre de la *Série Amour* vous a plu. Découvrez les autres séries Duo qui vous enchanteront.

Romance, c'est la série tendre, la série du rêve et du merveilleux. C'est l'émotion, les paysages magnifiques, les sentiments troublants.
Romance, c'est un moment de bonheur.

Série Romance : 6 nouveaux titres par mois.

Désir, la série haute passion, vous propose l'histoire d'une rencontre extraordinaire entre deux êtres brûlants d'amour et de sensualité.
Désir vous fait vivre l'inoubliable.

Série Désir : 6 nouveaux titres par mois.

Harmonie vous entraîne dans les tourbillons d'une aventure pleine de péripéties.
Harmonie, ce sont 224 pages de surprises et d'amour, pour faire durer votre plaisir.

Série Harmonie : 4 nouveaux titres par mois.

Série Amour : 4 nouveaux titres par mois.

VIVIAN CONNOLLY

La douceur des magnolias

Lui : Tom Beaumont est un architecte décorateur débordant d'idées et de talent.

Elle : Linda a renoncé à son succès d'auteur dramatique pour suivre son mari à La Nouvelle-Orléans.

Trois ans s'écoulent dans l'enchantement de cette ville de charme, baignée du parfum des magnolias. Trois ans de passion, de tendre complicité, de bonheur dans la plus jolie des maisons, pleine de secrets.

Pourquoi faut-il que ce rêve s'écroule ? Une faillite, des spéculateurs sans scrupules et voilà la maison condamnée, Linda prise au piège, Tom menacé... et leur amour lui-même en danger. Qui gagnera ?

Duo

Série Amour

ELISSA CURRY

Embrasse-moi encore

Lui : La trentaine, séduisant en diable, John Matthews est un être plus mystérieux qu'il n'en a l'air.

Elle : Caitlin O'Rourke a gardé son nom de jeune fille pour travailler comme styliste dans la mode masculine.

Caitlin et John se sont rencontrés, se sont follement aimés, se sont mariés...
puis se sont quittés.

Devenue l'assistante de son cousin, Caitlin vit en Irlande depuis un an. Malgré le silence qui les sépare, elle est incapable d'oublier John, son charme, sa chaleur, sa tendresse.

Alors pourquoi ce trouble lorsque se présente Matt Johnson, nouvel arrivé dans l'équipe de travail ? D'où vient cette étrange émotion ? A-t-elle compris que Matt Johnson, au fond, est dangereux ?

Série Amour

Duo Série Amour n° 19

CALLY HUGHES
Secrets chuchotés

Lui : Sam Grady, pédiatre, a un amour et un seul : sa femme.

Elle : Heureuse avec Sam et ses deux enfants, Clara est aussi un être décidé et ambitieux.

Son entreprise de couture l'absorbe complètement. Par amour-propre, elle ne veut pas se faire aider. C'est son affaire ; seule elle l'a créée, seule elle la dirige.

Hélas ! Sam a toutes raisons de se plaindre d'une femme qu'il ne voit plus qu'en coup de vent. Où sont les délicieuses soirées en amoureux, les promenades main dans la main, les nuits de passion ?

Comment faire comprendre à Clara qu'elle est en train de tout gâcher ?

Duo

Série Amour

Ce mois-ci

Duo Série Désir

Duo Série Romance

Duo Série Harmonie

Achevé d'imprimer sur les presses de l'Imprimerie Bussière
à Saint-Amand-Montrond (Cher)
le 15 janvier 1985. ISBN : 2-277-88020-5
N° 2906. Dépôt légal janvier 1985. Imprimé en France

Collections Duo
27, rue Cassette   75006 Paris
diffusion France et étranger : Flammarion